権力は腐敗する

Kihei Maekawa
前川喜平

毎日新聞出版

権力は腐敗する

はじめに

「権力は腐敗する傾向を持ち、絶対的な権力は絶対的に腐敗する（Power tends to corrupt and absolute power corrupts absolutely.）」。これは19世紀イギリスの思想家・歴史家ジョン・アクトン（John Acton １８３４～１９０２）の言葉だ。

「自由とは良心の支配である（Liberty is the reign of conscience.）」。この言葉にアクトンの思想の精髄がある。彼の自由主義思想を特徴づけたのは、良心に対する揺るぎない信念だった。それは彼のカトリック信仰を土台としていた。アクトンが考える自由とは、好き放題に快楽を享受するための手段ではなく、内心において神と対話し、良心という内なる光に従って生きるという人生の目的そのものだった。

アクトンは自由への脅威について、現代にも通じる警告を発している。一つは「絶対民主政（absolute democracy）」の危険性だ。少数者を抑圧する多数者の専制のことである。もう一つは、彼が「現代の民族の理論（modern theory of nationality）」と呼んだ自民族中心主義だ。それは民族と国家を一体化し他民族への抑圧を正当化する。アクトンはカトリックの信仰者でありながら、ローマ教皇庁をも批判した。「権力は腐敗する」の警句は、直接には教皇庁の権威主義に宛てたものだ。彼は「教皇無謬説《むびゅう》」、すなわち「教皇が教皇座の権威のもとに行う宣言は誤り得ない」という教義を厳しく批判した。それは良心の自由に反する専制主義にほかならなかったからである。

自由を脅かす専制主義の危険は、現代の日本においても至るところに存在する。選挙で勝てば何をしても許されると考える安倍・菅政治や大阪維新の地方政治。外国人を人間扱いしない出入国管理政策や朝鮮学校を差別する教育政策に見られる「官製ヘイト」。大日本帝国が犯した数々の過ちを認めようとしない歴史改竄《かいざん》主義。その中で思想・良心の自由、学問の自由、表現の自由が追いつめられている。

「権力は腐敗する」というアクトンの警句が、今ほど当てはまる時はないだろう。森友学園問題、加計学園問題、伊藤詩織さん事件、桜を見る会とその前夜祭、統計不正問題、東北新社と総務省の癒着、「タニマチ」経済人の文化功労者選定など、安倍・菅政権による国政の私物化は枚挙にいとまがない。

怪しい金をもらう政治家や金を配って票をもらう政治家も後を絶たない。

自民党の下村博文政務調査会長は、文部科学大臣だった２０１３年と２０１４年に、獣医学部をつくろうとしていた加計学園から２００万円を受け取った。自民党の甘利明税制調査会長は、ＴＰＰ担当大臣だった２０１３年に大臣室で、都市再生機構（ＵＲ）への口利きの「お礼」だと、建設会社から50万円の現金を受け取った。自民党の秋元司衆議院議員・元ＩＲ（統合型リゾート）担当内閣府副大臣は、ＩＲ事業への参入を目論んだ中国企業から賄賂を受け取ったとして起訴された。自民党の菅原一秀衆議院議員（当時）・元経済産業大臣は、地元の有権者に、メロンやカニを贈ったり、香典、会費、陣中見舞いなどの名目で現金を配ったりして、２０２１年6月東京簡易裁判所から罰金と公民権停止の命令を受けた。自民党の河井克行衆議院議員（当時）・元法務大臣と妻の河井案里参議院議員（当時）は、２０１９年の参議院選挙での買収などの罪で、それぞれ懲役3年（実刑）と懲役1年4カ月（執行猶予5年）の有罪判決を受けた。買収の原資は党本部から支給された1億５０００万円ではないかと疑われており、その資金を与えた安倍晋三自民党総裁（当時）は、買収目的交付罪が疑われている。

かつて、腐敗した権力は革命や戦争といった暴力でしか打倒できなかった。代議制民主主義が確立した今日の日本では、腐敗した権力は選挙によって平和裏に倒されるはずだ。しかし安倍・菅政権は、あらゆる手段を使って腐敗を隠蔽してきた。威勢のいい言葉や耳触りのいい言葉で国民を騙し、派手なお祭り騒ぎで国民の目をくらまし、敵でない者を敵だと国民に思い込ませて国民の目を逸らす。官僚には文書の廃棄・改竄や虚偽答弁を強い、メディアには「公平性」の名のもとに政権批判を封じて、「臭いものに蓋《ふた》」をする。この政権からは強烈な腐臭が漂っているのだが、あまりにも多くの人たちが嗅覚を麻痺させられている。かくして腐った政権はいつまでも続く。

人々は権力の腐敗の実態を知らなければならない。私の知り得た限りで、それを明らかにしようとしたのが、この本である。

権力は腐敗する　目次

第4章　人災だった全国一斉休校

第6章　主権者を育てる

ブックデザイン・表　鈴木成一デザイン室
写真　藤井太郎（安倍晋三氏）、竹内幹（菅義偉氏）
編集協力　阿部えり
DTP　センターメディア

第1章

安倍晋三氏による国政私物化

――加計学園問題

加計学園問題の真相

辞めるなら責任とって辞めてくれ

２０２０年8月28日、安倍晋三首相（当時）は「病気と治療を抱え体力が万全でない」と突然の辞任表明を行った。この辞任表明は私にとってある意味でショックだった。もちろん「辞めてほしくない」などと思ったわけではない。「辞めるなら諸々の悪事の責任をとって辞めてほしい」と思ったからだ。

２０１２年12月に成立した第2次安倍内閣が、教育政策で真っ先にやったのは高校授業料無償化の対象からの朝鮮高級学校（以下「朝鮮高校」）の排除だった。高等学校に類する課程を置く学校としてほかの全ての外国人学校が対象となる中で、朝鮮高校だけを狙い撃ちで排除した。とても許されることではないと思った。

安倍政権は内閣法制局長官の首をすげ替えた上で２０１４年7月、集団的自衛権による武力の行使が憲法上許容されるとする閣議決定を行った。こんな解釈改憲が許されるはずはないと思った。2015年に安倍政権が立法を強行した安全保障法制は、あきらかな違憲立法だった。日本国憲法が壊された。その成立前夜の2015年9月18日、私は我慢がならず国会正門前の抗議デモに参加した。私が文部科学省の事務次官になる前の年のことだ。

2017年の通常国会では森友学園問題と加計学園問題が露見した。森友学園問題は、安倍首相の妻・昭恵氏が後押しした学校のために国有地が不当な安価で払い下げられた問題だった。財務省近畿財務局の決裁文書が改竄され、そのために近畿財務局職員だった赤木俊夫さんが自ら命を絶った。加計学園問題は、国家戦略特区（正式には「国家戦略特別区域」）のからくりを使って、安倍首相の「腹心の友」加計孝太郎氏が、本来認可されるはずのない獣医学部の設置認可という利権を得た問題だった。

安倍政権の腐臭を最も強烈に感じたのは、安倍氏と親しい「ジャーナリスト」山口敬之氏（元TBSテレビワシントン支局長）が、ジャーナリストの伊藤詩織さんに性被害を与えたにもかかわらず、逮捕も起訴もされなかった「事件」だ。総理大臣のお友達なら犯罪も犯罪でなくなるのか。日本はそんな国になってしまったのか。この事件で被害者の伊藤さんが記者会見を開いたのが2017年5月。私が加計学園問題で記者会見を開いたのとほぼ同時だった。

桜を見る会が安倍首相（当時）によって私物化された問題やその前夜祭の違法性への追及が、共産党田村智子参議院議員の質問を皮切りに始まったのが2019年の11月。この問題で安倍氏は118回の虚偽答弁を行った。

2020年2月、新型コロナウイルスが日本にも広がる中で安倍政権は、水際対策、検査体制の強化、正当な補償を伴う休業要請といった必要な対策を疎かにして、全く的外れで罪深い「全国一斉休校要請」を行った。子どもたちの学校生活と学習を突如として奪ったのだ。これは許しがたい暴挙だった。

安倍氏は、国民から糾弾されて首相を辞めるべきだったのだ。彼は病気を口実にして逃げた、としか私には思えない。「辞めるなら責任とって辞めてくれ」と思った。

加計学園問題を風化させない

安倍晋三氏の妻、昭恵氏が関わった森友学園問題、安倍氏の腹心の友である加計孝太郎氏が関わった加計学園問題、安倍氏が地元の有権者や夫妻のお友達を大量に招待した桜を見る会とその前夜祭、菅義偉《すがよしひで》首相の長男が勤める東北新社と監督庁である総務省との癒着……。安倍政権・菅政権を通じて首相による国政の私物化が止まらなくなっている。

その中で責任が追及されないまま最も風化が進んでいると思われるのは加計学園問題だ。

加計学園が愛媛県今治市《いまばり》に設置した岡山理科大学獣医学部は、すでに開設から4年目に入り、十分既成事実化しているからだ。しかし、それが首相だった安倍氏による行政の私物化の結果であることは決して忘れてはならない。

加計学園問題は、森友学園問題と比較すると、事実関係が極めて明確になっている。なぜなら、動かぬ証拠となる文書が多数存在するからだ。

2017年の春から夏にかけて、文部科学省からリークという形で様々な文書が国民の目にさらされた。当初、菅官房長官（当時）は記者会見で「怪文書みたいな文書」と切って捨てようとした。文部科学省は文書の存否を「調査」したが、確認できなかったと言った。私が5月25日に記者会見したのは、その後だ。確認できないわけがない。「この資料出して」と言えばすぐに出てくる文書だ。だから、「あったものをなかったことにはできない」と私は記者会見で言ったのだ。

私の記者会見を受け、東京新聞の望月衣塑子《いそこ》記者は菅官房長官を記者会見で、文部科学省文書の存在について問い詰めた。その結果、文部科学省が2回目の「調査」をすることになった。おそらく菅官房長官は、2回目も「確認できなかった」という結果になると思っていたのだろう。しかし、文部科学省は2回目の調査の結果、存在が確認できたと言った。2回も「調査」するまでもなく、それらの文書が存在することは、文部科学省の職員はみな知っていたのだから、本当は「調査」など全く必要なかったのだが。

ひいき目かも知れないが、文部科学省は中央省庁の中でもかなり良心が残っている役所だと思う。子どもの教育を預かっているのだから、あまり嘘はつけないという気持ちがどこかにあるのだ。当時文部科学大臣だった松野博一さんも誠実な人柄の政治家だった。嘘をつき通すことはできなかったのだと思う。だから「文部科学省文書」は存在すると認めた。ただそこに書いてある中身は事実ではないという説明を新たな防衛線にしたのである。

しかし、これらの「文部科学省文書」には加計学園の獣医学部と安倍首相（当時）との関わりがしっかり記載されていた。加計学園に獣医学部をつくらせるというのは「総理のご意向」である、「官邸の最高レベル」が言っていることだ。しかも2018年4月開学でなければならない。そのことがはっきり書いてあったのだ。これらの文書は主に、内閣府で獣医学部新設問題を扱っていた国家戦略特区担当の藤原豊審議官が、文部科学省の専門教育課長に向かって話したことを、文部科学省側が記録したものだった。

当時官房副長官で、のちに文部科学大臣になった萩生田光一氏も、獣医学部新設を進める側にいた。萩生田氏が安倍氏、加計理事長とともにバーベキューの場で缶ビールを手にしている写真は、かなり有名になったが、萩生田氏は衆議院議員落選中の2010年4月から加計学園が設置する千葉科学大学の名誉客員教授をしていたこともある。加計学園と京都産業大学がともに獣医学部新設を求めていた２０１６年10月から11月にかけて、官房副長官の職に就いていた萩生田氏は加計学園のために陰で動いていた形跡がある。「10／21萩生田副長官ご発言概要」と題した文部科学省文書には、「総理は『平成30年４月開学』とおしりを切っていた。（中略）今年11月には方針を決めたいとのことだった」「渡邊加計学園事務局長を（中略）課長のところにいかせる」などの萩生田氏の発言が記録されていた。萩生田氏が首相である安倍氏の意向を文部科学省に伝え対応を促していたことがうかがえる。

また、同年11月１日の内閣府から文部科学省へのメールには「添付ＰＤＦの文案（手書き部分）で直すように指示がありました。指示は藤原審議官曰く、官邸の萩生田副長官からあったようです」とあり、添付ＰＤＦには「広域的に獣医師系養成大学等の存在しない地域に限り獣医学部の新設を可能とする」とあった。「広域的に」「限り」などが手書きで書き加えられた部分だ。この文言の改変がなければ「獣医学部が存在しない京都府には新設できる」と読めるが、この改変を加えたことにより「獣医学部（大阪府立大学）が存在する近畿地方には新設できない」と読めることになる。京都産業大学を排除し加計学園を残すための操作だったと考えられる。

直接圧力をかけてきた2人の人物

　私自身に早く獣医学部をつくらせるよう直接圧力をかけた人物が2人いる。1人は文部省（現・文部科学省）入省年次で私の3年先輩にあたる木曽功氏だ。彼は2016年8月26日に文部科学事務次官だった私との面会を求めて事務次官室にやって来て、獣医学部の新設へ向けて動くよう促した。獣医学部の新設を認める特例は国家戦略特区諮問会議で決めることだから、文部科学省が責任を負わなくてもいいという「アドバイス」ももらった。

　その時の彼の肩書きは、一つは「内閣官房参与」、もう一つは「加計学園理事兼千葉科学大学学長」だった。

　千葉科学大学は加計学園が千葉県銚子市に設置した大学で、2014年5月24日に行われた開学10周年記念式典では、安倍首相（当時）が岸田文雄外務大臣（当時）などの閣僚を連れて来賓として出席し、祝辞の中で加計理事長を「腹心の友」と呼んだ。この式典にはなぜか文部科学省から、当時初等中等教育局担当審議官だった藤原誠君（その後事務次官になった）も出席していた。木曽氏は「明治日本の産業革命遺産」の登録を進めるために内閣官房参与に起用されていたのだが、それ以前はユネスコ（国際連合教育科学文化機関）大使だった。獣医学部新設の件で、事務次官室に私を訪ねて来た時、彼は「君を次のユネスコ大使に推薦してあげよう」という話も持ってきていた。

ユネスコ大使というポストは外務省にとってはそれほど重要なポストではないが、文部科学省にとっては大事なポストだ。2003年にユネスコ日本政府代表部が在フランス大使館から分離されて独立した在外公館になった時、初代の特命全権大使になったのは元文部事務次官の佐藤禎一氏だった。木曽氏は文部科学省の局長級ポストである国際統括官を退任後の2010年に、文部科学省出身者として2人目のユネスコ大使に就任した。私は1989年から1992年までユネスコ日本代表部で一等書記官を務めた経験もあり、自分で言うのもなんだが、事務次官退任後にユネスコ大使に任命される可能性は十分にあった。木曽氏はそういう人事を後押ししてやろう、その代わり獣医学部はよろしく頼むと言いたかったのだろう。

もう1人、私に直接獣医学部設置を容認するよう要求してきたのは、内閣総理大臣補佐官の和泉洋人氏だった。2016年9月9日、私は首相官邸の彼の執務室に呼ばれ「総理は自分の口からは言えないから、私が代わって言う」と言われた。

この発言について、2017年7月24日の衆議院予算委員会閉会中審査に参考人として出席した和泉氏は「総理が自分の口から言えないから私が代わりに言う、こんな極端な話をすれば私も記憶が残っております。そう言った記憶が全く残っておりません。したがって、言っておりません。言っておりません」と答弁した。彼は「言っておりません」と強調したが、実は記憶に残っていないと言っているだけだ。実に巧妙な答弁だった。

地域活性化統合事務局長を務めた和泉氏は、特区構想には極めて詳しい、というよりも、それまでの特区制度は彼が中心になってつくったと言ってもいいぐらいだ。構造改革特区（正式には「構造改革特別区域」）で失敗を繰り返していた加計学園の獣医学部新設構想を国家戦略特区に切り替えて実現させようという知恵を出したのは、おそらく和泉氏であろう。

歪められた行政

獣医学部の新設というのは、加計学園と今治市が、最初は構造改革特区の仕組みの中で実現しようと試みたわけだが、15回提案して15回とも失敗していた。農林水産省と文部科学省で検討した結果、そのつど却下されていたのだ。農林水産省の基本姿勢は、日本の獣医師の数は足りている、これ以上獣医学部を増やす必要はないというものだった。獣医師の需給見通しを立てるのは、獣医療法や獣医師法を所管する農林水産省の責任だ。農林水産省が要らないという以上、獣医学部の新設は認めないというのが文部科学省の姿勢だった。

また、構造改革特区とは、地域限定で規制緩和を行い、それが成功すれば、全国化するという制度だ。そのため、小中学校や高校のように地域性のある学校に関する規制緩和であれば可能だが、大学獣医学部のように学生も教師も全国にまたがるような構想には適していない。加計学園が15回もはねられたのはそのせいでもある。

構造改革特区で獣医学部新設の道筋をつけられなかった加計学園は、2015年の春ごろに方針転換し、国家戦略特区という仕組みを使うことにした。国家戦略特区制度はアベノミクスの3本目の矢である成長戦略の一環だとされ、国家戦略として国が特別に規制緩和し、ほかの地域ではできないことをやらせる制度だ。つまり、「国家戦略だ」と言えば特別扱いできてしまう仕組みなのだ。

加計学園問題では、行政が歪められたわけだが、それを私なりに整理すると、①ちゃんと審査しておらず正当なプロセスを踏んでいない「不公正」、②加計学園より優れた獣医学部新設計画を持っていた京都産業大学がその計画を認めてもらえず、理不尽な理由で排除された「不公平」、③当初から「加計ありき」すなわち加計学園に獣医学部をつくらせることが決まっていたにもかかわらず、一連のプロセスの中でずっと加計隠しが行われていた「不透明」、という三つの「歪み」があった。

正当なプロセスを経ていない不公正というのは、一つには国家戦略特別区域法が求める要件について何の審査もしていないということだ。国家戦略特区制度そのものが、利益誘導に容易に利用できる問題のある制度だが、その問題のある制度の下においても、加計学園の獣医学部認可のプロセスは不当なものだった。国家戦略特別区域法で特別に規制緩和が認められるための条件は、この法律の中で要件がきちんと書かれている。「国際的な競争力」を持つ事業か、「国際的な経済拠点」になる事業に限って、特別に規制緩和するということになっている。だから、加計学園が新設したいという獣医学部が国際的な競争力があるのか、あるいは国際的な経済拠点になるのか、この点をきっちりと審査しなければならなかったはずなのだ。

また、獣医学部の新設については、2015年6月30日の閣議決定「日本再興戦略改訂2015」に次の4つの条件が定められていた。①現在の提案主体による既存の獣医師養成でない構想が具体化し、②ライフサイエンスなどの獣医師が新たに対応すべき分野における具体的需要が明らかになり、かつ、③既存の大学・学部では対応困難な場合には、④近年の獣医師の需要の動向も考慮しつつ、全国的見地から本年度内に検討を行う。これらの条件は石破茂氏が地方創生担当大臣だった時に定められたため「石破4条件」と呼ばれる。この4条件は極めて高いハードルだった。新たな獣医学部の設置を認めるからには、この4条件が満たされていることを確認しなければならなかったはずである。

審査は、したことになっている。国家戦略特別区域法に基づいて設けられている国家戦略特区諮問会議（当時の議長は首相だった安倍氏）の下にワーキンググループが置かれていて、実質的な審査はこのワーキンググループがすることになっていた。ワーキンググループの座長は元大阪大学教授の八田達夫氏だった。彼は2017年6月13日に行った記者会見で「規制改革のプロセスに一点の曇りもない」「加計ありきで検討されたことは全くない」と強調した。「一点の曇りもない」これは私も同意する。なぜならば、何も審査していないからだ。審査らしい審査を何もしていないのだから、曇りがあろうはずもない。

口先だけの「人獣共通感染症対策」

2016年9月21日に国家戦略特区今治市分科会に提出した「獣医師養成系大学・学部の新設について」と題する文書の中で、今治市は「世界に冠たる（中略）国際教育拠点」をつくると記述した。ワーキンググループは、そういう文書を見ただけで、ああそうですか「世界に冠たる」ものなのですねと納得し、国家戦略特区の要件に適合していると判定したわけだ。中身については何も審査をしていない。実際につくられた加計学園の獣医学部は、国際競争力どころか国内競争力すらない。「国際教育拠点」であることを示そうと、加計学園は新設獣医学部の入学定員140人中20人は留学生枠だと説明した。しかし、2020年3月5日に発売された「週刊文春」の報道によれば、加計学園の獣医学部は、推薦入試で韓国人受験生の面接点を一律0点とし全員を不合格にしたという。留学生を差別する「国際拠点」などありえない。

ワーキンググループは加計学園による獣医学部新設が「石破4条件」に適うかどうかについても、全く審査をしなかった。例えば4条件の3番目は「既存の大学・学部では対応困難」という条件だったのだから、加計学園から提出された設置計画を既存の大学に見せて「こういう教育・研究はおたくの大学では対応困難ですか」と聞いてみればよかったのだ。答えは全て「ＮＯ」だったろう。獣医学の分野において日本で最先端の教育・研究をしているのは、おそらく北海道大学と帯広畜産大学の連合だと思うが、加計学園の獣医学部に北大・帯畜大連合でもできない教育・研究ができるとは到底考えられない。要するに、まともな審査をしたら加計学園が通るはずはなかったのである。

新型コロナウイルスは野生のコウモリに由来するといわれる。東京大学の研究チームが日本固有のコウモリから新型コロナウイルスに似たウイルスを検出したという報道もあった。野生動物から人に伝染する病気を人獣共通感染症というが、加計学園の獣医学部はその人獣共通感染症対策に取り組むというのを売り物にしていた。右に述べた今治市の文書では、新たな獣医学部の設置が必要とされる背景として「人獣共通感染症（エボラ出血熱・ＭＡＲＳ）（傍点は筆者）の発生、国境を越えた流行」を挙げ、このような新分野への対応は、既存の大学で「十分な取組がなされているとは言えない」と断じ、新設学部は「世界に冠たる先端ライフサイエンス研究」を行う国際教育拠点だと主張していた。なお、この文書に書いてあった「MARS」は「MERS」（中東呼吸器症候群）か「SARS」（重症急性呼吸器症候群）の誤りだろう。専門の研究者なら犯すはずのない誤りだ。

加計学園問題が発覚し、安倍首相（当時）が野党から盛んに追及されていた2017年6月13日、安倍氏を援護するために国家戦略特区諮問会議の竹中平蔵議員、八田達夫議員らが、加計学園の「正当性」を主張するための記者会見を開いたが、その際に配付された「国家戦略特区獣医学部の新設について」と題する文書の中でも、新学部の設置が必要な理由の一つとして「人獣共通感染症対策」が挙げられていた。

しかし、新型コロナウイルスが猛威を振るう中、加計学園の獣医学部が人獣共通感染症対策として何らかの貢献をしたという話は、2021年夏に至るまで一度も聞いたことがない。

加計学園獣医学部は「二匹目のドジョウ」

国際競争力があるとか、国際経済拠点になるとかという理屈さえでっち上げれば、お友達の学校法人に新設規制のかかった学部をつくらせてやることができる。安倍首相（当時）

にこの知恵をさずけたキーパーソンは和泉氏だ。和泉氏が「この制度が使えますよ」と知恵を出したのだろう。

国家戦略特区制度を利用した学部新設には、前例があった。千葉県成田市につくられた国際医療福祉大学の医学部である。国際医療福祉大学は、付属病院はあるのに医学部はないという大学だった。病院経営から事業を成長させた高木邦格《くにのり》理事長としては、医学部設置は悲願だったのだろう。しかし、文部科学省は1980年代から医学部の新設を認めない方針をとっており、2003年に小泉内閣の下で大学・学部の設置認可について規制緩和を行った際も、従来の大学設置・学校法人審議会大学設置分科会の内規を告示化した「大学、短期大学及び高等専門学校の設置等に係る認可の基準」（2003年3月31日文部科学省告示）において「歯科医師、獣医師及び船舶職員の養成に係る大学等の設置若しくは収容定員増又は医師の養成に係る大学等の設置でないこと」という条項（第1条第1項第4号）を設け、医学部の新設は認めないことになっていた。そこで、高木氏は政界・官界に張りめぐらせた広範な人脈を使い、国家戦略特区制度を利用して医学部を設置することに成功したのだ。国家戦略特区の事業として認められるよう国際拠点だということを示すため、入学定員には留学生枠が設けられているが、留学生枠を設ける程度のことで「国際拠点」とはいえないだろう。

つまり、国家戦略特区制度を利用して設置規制がかかっている学部を新設するという事例として、加計学園の獣医学部は「二匹目のドジョウ」だったのだ。では、加計学園の獣医学部新設があれだけ問題になったのに、国際医療福祉大学の医学部がなぜほとんど問題にならなかったのか。最大の理由は、日本医師会が最後までは反対しなかったということだろう。加計学園の場合は日本獣医師会が最後まで反対していた。獣医師の数が足りていることは農水省も認めている。さらに、産業動物も愛玩動物も減少する傾向にある。獣医学部を増やせば将来獣医業界が過当競争になり、獣医師の収入に響くことは目に見えていたから、獣医師会にしてみれば学部新設反対は切実な問題だった。医師会が医学部新設に最後まで反対しなかったのは、獣医師に比べれば業界の規模が大きく、学部が一つ増えても深刻な影響を及ぼすには至らないという事情があったと考えられる。もう一つは、高木氏が大勢の政治家と太いパイプを持っていたということだ。加計氏には安倍氏とその周辺の政治家にしかお友達がいなかった。だから目立ってしまったのだ。

動かぬ証拠「愛媛県文書」

「モリカケ」と並べて言及されることが多いが、国有地の大幅値下げや決裁文書の改竄と官邸との関係が未だ闇に包まれている森友学園問題に比べ、加計学園問題では安倍晋三首相（当時）の具体的な関与があったことが明らかになっている。それは証拠となる文書が豊富にあるからだ。

まず、2017年に文部科学省内からリークされた一連の文書がある。「総理のご意向」「官邸の最高レベルが言っている」などの記述のある文書だけでなく、「総理は『平成30年4月開学』とおしりを切っていた」という萩生田内閣官房副長官（当時）の発言が記録された文書もあったことは、先に述べたとおりである。

さらに決定的な証拠になったのは、2018年5月21日に愛媛県が参議院予算委員会の求めに応じて提出し、公表した加計学園関連文書だ。これは動かぬ証拠以外の何物でもなかった。私が加計学園問題に関与したのは2016年の8月以降だったので、それ以前の経緯については、当時は分からなかったが、この愛媛県の文書を読んで、2015年の時点から何が起きていたかを明瞭に理解できた。加計学園の渡邉良人事務局長が何度も愛媛県庁を訪れ、国家戦略特区で獣医学部をつくるというプランの進捗状況を逐次報告していた。その報告の内容が愛媛県の職員によって克明に記録されていたのだ。愛媛県庁の職員が東京に来て、政府関係者と面談したという記録もある。愛媛県の文書は初めから怪文書とはいえない、公文書である。愛媛県がつくった公文書を、中村時広知事の責任において参議院の予算委員会に提出したということだから、内容の正統性は非常に高い。

これら文書を読むと、加計学園が獣医学部の新設に向けてどのような工作をしていたのかがよく分かる。表向きは、国家戦略特区での加計学園の獣医学部新設が公式に認められたのは２０１７年1月20日ということになっているが、そこから2年近くさかのぼった頃に安倍首相（当時）と加計学園の加計理事長が面談していたのだ。「27.3.」（２０１５年３月）という作成時期と「地域政策課」という作成部署名が記され「獣医師養成系大学の設置に係る加計学園関係者との打合せ会等について」と題された文書には、冒頭に「加計学園から、理事長と安倍首相との面談結果等について報告したいとの申出があり、３月３日、同学園関係者と県との間で打合せ会を行った」と記載されている。その後に、加計学園からの報告として、２０１５年2月25日に安倍首相（当時）と加計理事長とが15分間面談したことが記されており、加計理事長が「国際水準の獣医学教育を目指す」などと新しい獣医学部の説明をし、安倍氏が「そういう新しい獣医大学の考えはいいね」とコメントしたことなどが書いてある。

石破茂氏退任で事態が動き出す

また愛媛県が公表した別の文書によれば、３月とおぼしき時期に２人は会食もしていて、その際に加計理事長が「地元の動きが鈍い」と言っている。これは地元の今治市が思ったほど協力してくれないという意味だろうが、具体的には補助金の額だと考えられる。その結果何が起きたかというと、加計学園の渡邉事務局長が今治市と愛媛県の担当課長を伴い、官邸を訪れて柳瀬唯夫首相秘書官（当時）と面談をした。その事実を記録した愛媛県文書には、２０１５年４月２日午後３時とその日時も記されている。その時に柳瀬氏が語った内容も克明に記録されており、開口一番彼は「本件は首相案件となっている」と言った。首相秘書官は常日頃首相に一番近いところにいるわけで、その秘書官が首相案件だと言ったのだから、彼は首相から直接指示を受けたとしか考えられない。さらに柳瀬氏は今治市と愛媛県の課長に対して、「自治体がやらされモードではなく、死ぬほど実現したいという意識を持つことが最低条件」という言葉を吐いた。「死ぬほど実現したいという意識を持て」というのは、「ぎりぎりまで金を出せ」という意味だろう。その結果、初期費用として今治市が出す補助金が50億円から96億円まで跳ね上がり、そのうち３分の１は愛媛県が支援することになった。37億円相当の今治市の市有地は無償譲渡されることになった。

このように、安倍氏と加計理事長の面談を皮切りに、２０１５年の春の段階で加計学園に獣医学部を新設させてやるための談合が行われていた。国家戦略特区制度を利用して新設規制をすり抜けるためにはどうすればいいか、提案書の書き方を含めて、内閣府の藤原審議官や官邸の柳瀬秘書官が手取り足取り指南したことも、愛媛県文書から分かる。採点する方の教官が、答案を書く学生に、こう書いたらいいと答案の書き方を教えるようなものだ。

そうした経緯がありながら、獣医学部申請に対し慎重な姿勢をとっていた石破茂氏が特区の担当大臣（内閣府特命担当大臣）を務めていた間はそれ以上動いていない。2016年8月の内閣改造で石破氏が特区の担当大臣を退いて、山本幸三氏に代わってから、事態は一気呵成に動き始めたのだ。

虚偽答弁と隠蔽工作

2018年5月21日、安倍首相（当時）と加計理事長の面談の事実を記した愛媛県文書が公表された翌22日、安倍氏は「指摘の日に理事長と会ったことはない」と述べ、面会の事実を否定した。「官邸の記録を調べたが確認できなかった」とも語った。菅官房長官（当時）も定例記者会見で「入邸記録は残っていない」と説明した。しかし、首相官邸に裏から入ることは可能だ。私もその経路で入邸したことがある。入邸記録も残さず、首相動静をウオッチしている官邸詰めの記者にも見られることなく首相執務室まで行くことは可能なのだ。国家戦略特区という裏口を使い、談合によって獣医学部を新設しようとしていた加計理事長が、官邸の正面玄関から首相に会いに行くはずがないではないか。

この後、首相官邸と加計学園との間で大がかりな隠蔽工作が行われる。隠蔽工作というよりは、むしろ猿芝居といった方がいいと思うが。

まず5月26日、加計学園は「当時の担当者が実際にはなかった総理と理事長の面会を引き合いに出し、県と市に誤った情報を与えてしまった」というコメントを発表した。

5月28日の参議院予算委員会で、首相の安倍氏は「平成27年2月25日に加計理事長とお会いしたことはございません」「加計理事長とはこれまで何度もお目にかかっておりますが、これまで繰り返し答弁してきたとおり、獣医学部の新設について話したことはありません」と答弁した。

5月31日には、加計学園の渡邉事務局長が愛媛県庁を訪問し、安倍首相（当時）と加計理事長が面談したと伝えたのは虚偽だったと説明し「多大な迷惑をかけ、まことに申し訳ない」と謝罪した。記者から「嘘をついたのか」と問われた渡邉氏は「たぶん自分が言ったんだろうというふうに思います」「その場の雰囲気というか、ふと思ったことをその時に言ったんじゃないかなと思います」などと答えた。ふと思ってこれだけのストーリーをつくれるのなら、渡邉氏は小説家にでもなったらいい。この説明が真っ赤な嘘であることは火を見るよりも明らかだ。そもそも２０１５年３月３日に渡邉氏が愛媛県庁を訪問して「打合せ会」を行ったのは、事前に加計学園から「理事長と安倍首相との面談結果等について報告したいとの申出」があったからだ。首相と理事長の面会の事実は、渡邉氏が当日「その場の雰囲気」で「ふと思ったこと」でないことは明白だ。

6月19日には、加計理事長が記者会見をし、獣医学部の話は「安倍首相と一切したことがない」と説明した。虚偽の情報を愛媛県などに伝えたとして渡邉事務局長を減給処分にし、自身は監督責任をとって給与の一部を自主返納すると発表した。呆れてものが言えないほどの茶番劇であった。

安倍氏は国会の答弁で、加計理事長と獣医学部新設の件で面談したことはないと繰り返し答弁し、加計学園の獣医学部新設の計画を知ったのは2017年1月20日だったとも答弁している。これらが虚偽答弁であることは明々白々だ。

加計学園問題の事実関係は明らかであり、真相究明の努力はもう必要ない。必要なのは責任追及だけである。

2016年衆議院福岡6区補欠選挙の意味

あまり知られていないが、獣医学部の新設については、閣内でも自民党内でも慎重論や反対論があった。石破氏は慎重派だったので、石破氏が内閣府特命担当大臣（地方創生担当）に就いている間は進まなかった。それだけではなく、閣内・党内に強力な反対勢力があった。日本獣医師会という圧力団体の影響下にある政治家たちだ。その筆頭格は麻生太郎財務大臣だった。

先述したように獣医師会にしてみれば、獣医師が増えれば、それだけ業界内の競争が激しくなり、収入に影響するという心配がある。だから獣医学部の新設には絶対反対だった。麻生氏の地元福岡県の自民党福岡県支部連合会（以下「県連」）の当時の会長は、福岡県議会議長経験者で麻生氏に近い藏内《くらうち》勇夫氏という人物だったが、この藏内氏こそが日本獣医師会の会長だったのだ。

獣医学部新設を認める国家戦略特区諮問会議は２０１６年11月9日に開かれたのだが、その約半月前の10月23日に、福岡６区で衆議院の補欠選挙が行われた。鳩山邦夫議員の死去に伴う選挙だった。自民党県連会長・藏内氏の子息、藏内謙氏が県連推薦で立候補し、自民党本部の公認を求めたのだが、ここでもう１人自民党から立候補した人物がいた。それは亡くなった鳩山氏の子息で、当時福岡県大川市の市長を務めていた鳩山二郎氏だ。自民党本部はどちらにも公認を与えず、実力で勝負させることにした。藏内候補は麻生財務大臣が応援し、鳩山候補は菅官房長官（当時）や二階幹事長が応援した。

この補欠選挙の結果によって、加計学園の獣医学部新設の行方が決定する。藏内氏が勝てば、獣医師会の発言力は高まる。逆に負ければ弱まる。それは麻生氏の政治力のバロメーターでもあったわけだ。実際、文部科学省内から流出した文書の中で、松野博一文部科学大臣（当時）は「衆院福岡6区補選（10月23日投開票予定）を終えた後に動くべきではないか」と発言、萩生田官房副長官（当時）も「福岡6区補欠選挙（10月23日）が終わってからではないか」と発言している。両氏ともこの選挙の結果を見た上で獣医学部新設の可否を判断しようと考えていたことがうかがわれる。

加計学園獣医学部新設は行政としては歪んでおり筋の悪い話だったが、政治の世界では政治力の強い方が勝つ。それが福岡6区の補欠選挙で試されたのだ。結果は鳩山氏の圧勝、藏内氏の惨敗だった。政治家たちは、加計学園獣医学部新設問題について、ここで勝負あったと見た。福岡6区の有権者が、今治市の加計学園の獣医学部新設にゴーサインを出したことになるわけだ。福岡6区の人たちには全くそんな意識はなかっただろうが。

官邸からの人格攻撃とメディアの姿勢

メディア各社の姿勢

２０１７年１月に文部科学事務次官を退官した私に、加計学園問題で早い段階からアプローチしてきたのは、ＮＨＫと朝日新聞だった。参議院予算委員会でこの問題を初めて社民党の福島みずほ議員が指摘した２０１７年３月13日の前後にはこれら２社は私とコンタクトをとっていた。特にＮＨＫは多くの情報を持っていて、社会部の記者たちは極めて熱心に取材を続けていたが、なかなかニュースにならなかった。彼らは２０１７年の４月末ごろには私のインタビュー映像を持っていたが、それは一度も報道されなかった。彼らは文部科学省内に情報提供者を確保しており、私が見たことのない文書も持っていた。それは担当課内で記録として保管してあるものだと思われ、２０１６年９月26日の日付が入っていた。

２０１７年５月16日夜にＮＨＫ総合で放送された「ニュースチェック11」で、文部科学省の大学設置・学校法人審議会における加計学園の獣医学部の審査の状況を伝えるニュースの中で、脈絡なくその文書が画面に映った。社会部記者たちの意地がこの文書を画面に上げたのだ。しかし、「官邸の最高レベルが言っている」と記載された部分は画面の中で黒塗りにされていた。報道機関が報道すべき情報を自ら黒塗りにして隠すという、それ自体がニュースになるような出来事だった。ＮＨＫの記者はいくら取材してもニュースにできない悔しさを私の前でも見せていた。文字どおり涙を流して悔しがっていたのだ。ついには独自取材では報道できないので、記者会見をしてほしいとまで言われた。

朝日新聞も文部科学省の内部文書を持っていた。朝日新聞は5月17日の朝刊にその文書の一つを載せた。そこには新たな獣医学部の開学の時期を２０１８年4月とすることについて、「官邸の最高レベルが言っている」「総理のご意向だと聞いている」と内閣府の藤原豊審議官（当時）が語った言葉が記録されていた。おそらく朝日新聞は5月16日の「ニュースチェック11」を見て、ＮＨＫがすでに情報を持っていると認識し、ＮＨＫに後れをとるまいと記事にしたのだろう。しかし同日午後の記者会見で菅官房長官（当時）はこの文書を「怪文書みたいな文書」「作成日時だとか、作成部局だとか明確になってない」と切って捨てようとした。それに対して、朝日新聞は翌5月18日の朝刊に、今度は具体的な日時と対応者の名前が入った文書を掲載した。そこにも「官邸の最高レベルが言っている」

と書かれていた。さらに朝日新聞は5月25日の紙面に私へのインタビューを載せた。

「出会い系バー」のこと

私には新宿のいわゆる「出会い系バー」でそこに出入りする様々な境遇の女性から話を聞いていた時期がある。女性の貧困を扱ったテレビのドキュメンタリー番組でそうした店の存在を知り関心を持ったのがきっかけだ。2017年の4月ごろ、このことについて複数の週刊誌から「話が聞きたい」とアプローチがあった。情報の出どころが首相官邸であることは間違いないと思った。その前年の9月ごろ杉田和博官房副長官から「立場上そういう店には行かない方がいい」と注意を受けていたからだ。どうしてそんな個人的な行動を知っているのか驚いたが、ご注意はありがたく承った。杉田氏は、私が役所を辞めた後、加計学園問題が国会で取りあげられるようになった2017年3月ごろにも、なぜか私の携帯に電話をかけてきて「例のバーの話を週刊誌が書こうとしているから気をつけたまえ」という「ご注意」をくれた。その時は彼の意図がよく分からなかったのだが、あとで考えれば「加計学園問題で余計なことをしゃべるな。しゃべるとどうなるか分かっているだろうな」という警告だったのだろう。私は鈍感だったので、その時点では彼の意図が分からなかった。

「週刊文春」も「出会い系バー」の情報を持っていたが、同誌のオファーは「新宿のバーのことを聞いたが、これは書かない。その代わり、加計学園獣医学部の問題について語ってほしい」というものだった。それなら応じようと考え、私はNHKや朝日新聞に話したことと同じことを同誌にも話した。それは5月25日発売号に掲載された。ところが、「週刊文春」は「新宿のバーのことは書かない」と言っていたのに、その後の号で書いたのだ。ただ、それは逆にありがたかった。私がこのバーで出会ったA子さんという女性を見つけ、「私は前川さんに救われた」という証言を載せたのだ。新宿以来一度も会っていないが、名乗り出てくれた彼女には今も感謝している。

読売新聞報道で腹が決まった

メディアにもいろいろあるものだと思い知らされたのは読売新聞の振る舞いだ。2017年の5月に入ってからだったと思うが、まずショートメールで知り合いの読売新聞文部科学省担当記者からアプローチがあった。別の社会部の記者が新宿のバーのことを聞きたいと言っているという内容だった。放置しておいたところ、その社会部記者から直接質問のメールが来た。質問の中には、「出会った女性と性交渉があったか」などという下世話な質問もあったが、返事はしなかった。旧知の大手メディアの関係者に読売新聞がこんな記事を載せるのだろうかと聞いてみたところ、読売新聞がこのようなニュース性のない記事を掲載するはずがないと言っていた。ところが、5月22日朝刊に「前川前次官出会い系バー通い」という見出しの記事が載ったのだ。

その前日、文部科学省の藤原誠君（現・文部科学事務次官）から「和泉さん（和泉洋人首相補佐官）が会いたいと言ったら会う用意がありますか」というメールが来ていた。文部科学省文書の存在を否定すれば、読売新聞の記事は抑えてやるということではないかと推測した。今から思えば、ＩＣレコーダーを持って和泉首相補佐官に会いに行けばよかったと思う。いい「文春砲」のネタになったはずだ。この一件以来、私は読売新聞は新聞ではないと思っている。

読売新聞の記事が出たことで、鈍感な私も官邸が本気で私を潰しにきたのだと悟った。急遽弁護士を探し、対応を相談した。三竿径彦《みさおみちひこ》弁護士。若いが頼りになる弁護士だ。彼と相談の上、5月25日に記者会見を開くことにした。それが、この章の冒頭でふれた、「あったものをなかったことにはできない」と発言した記者会見だ。読売新聞の記事がかえって私の意志を固めさせてくれた。ＮＨＫの記者の要望にも応えることになった。

もう一つ、記者会見をする動機になったことがある。それは東京新聞の望月衣塑子記者からの提案だ。当時私は報道関係者を避けるため、自宅を離れ都内のホテルに滞在していた。たまに自宅の様子を見に行くと、自宅前にはいつもたくさんの報道陣がいた。私に接触しようと張っているのだ。しかし家族も含めて自宅は空っぽだった。何日も待ちぼうけが続くと、報道陣も疲れがたまるはずだ。そうした状況の中、望月記者から、文部省の先輩である寺脇研さんと相談の上で、提案があった。「報道陣全員の了解を取った。記者会見をするなら自宅包囲を解く」。記者会見後、晴れて私と家族は自宅に戻った。

記者会見の場所は三竿弁護士が確保してくれた弁護士会館だった。その日は気温も高く室内は空調が必要なほどだったのだが、なぜか会見場の空調のスイッチが入っていなかった。私はその日に発売された「週刊文春」を片手に、記事の内容をなぞるように話をした。人いきれで室内はムンムンしていた。何度もハンカチで汗を拭ったのを覚えている。

執拗な人格攻撃

菅官房長官（当時）は私の記者会見の翌日の定例会見の場で、「出会い系バー」について「強い違和感を覚えた」とか「到底考えられない」とかいう言葉で私の人格に問題があるかのような印象を振りまいた。私の人格を貶《おとし》めることで、私の発言の信憑性を低下させようとしたのだろう。文脈はかなり異なるが、森友学園問題でも官邸は籠池泰典《かごいけやすのり》氏の信用性を落とそうとした。その手法には共通性があると思う。

私が「出会い系バー」で女性と話をしていた事実について争うつもりは全くない。確かに「普通の」役人ならやらないことかも知れない。「違和感」を覚える人もいるだろう。「普通」ではないことと言えば、2015年の9月18日の夜、安全保障関連法の採決に反対する国会正門前での抗議デモに私が行ったことも、「普通」ではない。いずれも私が自分自身の自由な意志でとった行動だ。それをどう解釈するかは人それぞれだろう。

菅官房長官（当時）による私への人格攻撃で、私が許しがたいと思っているのは、私の辞任の経緯について全く事実に反することを言われたことだ。私は文部科学省内で起きた退職者に対する違法な再就職斡旋の問題の責任をとって、2017年1月20日に事務次官を辞任したが、それは私自身が決断し、私から大臣に申し出たことだった。ところが、5月25日の定例会見で菅氏は私が「地位に連綿（著者注・正しくは「恋々」）としがみついていた」と言ったのだ。

7月10日の参議院文教科学委員会・内閣委員会連合審査会閉会中審査の場において、民進党（当時）の蓮舫議員がこの点を問いただした。菅氏は記者会見での発言を撤回せず、「文科省の事務方から、前川氏の定年延長について官邸に話があった」「前川氏から、せめて定年期限の3月まで次官を続けさせてほしいという話があった」などと答弁した。蓮舫氏から「本当のことをおっしゃっていますか」と問われて、菅氏は「事前に杉田副長官にも確認した上で発言をいたしております」と答えた。

参考人として出席していた私は蓮舫氏にこう答えた。「1月の4日の時点で私は自分の心の中では引責辞任を決意しておりました。また、私の親しい文部科学省の幹部にそのことは伝えてございます。また、翌日の1月5日には大臣（著者注・松野博一文部科学大臣）にその旨申し出まして、私の方から責任を取って辞めたいと申し上げましたところ、まず内閣官房へ行って杉田さんと相談してこいと、そういうお話でございました。私は杉田さんのところへ伺いまして、自ら責任をとって辞めたいと、そういうことを申し上げた次第でございます」「私自身から定年を延長してほしいとか、3月まではせめて在任したいとか、そのようなことを申し上げたことは一切ございません」

私は菅氏が意図的に虚偽答弁をしたと思っている。杉田氏が菅氏に虚偽報告するとは思えないからだ。私はこれらの菅氏の発言は十分に名誉毀損罪に該当すると思う。実際に名誉毀損で刑事告訴することも考えたが、面倒だからやめた。

ありがたかった渡辺由美子さんの言葉

菅氏を始めとする官邸側から執拗に人格攻撃を受ける一方で、もちろん私を応援してくれる人もたくさんいた。元文部科学省審議官の寺脇研氏は各テレビ番組にコメンテーターとして出演し、私を擁護する発言をしてくれていた。彼は文部省で私の4年先輩にあたり、私とは係長と係員の関係だったこともある。40年にわたる友情に感謝した。

さらに、ありがたかったのは、NPO法人キッズドアの渡辺由美子理事長だ。文部科学省を退官した後の一時期、私は公募に応募してキッズドアの高校生への学習支援のボランティアをさせてもらったのだが、理事長の渡辺さんにお目にかかったことはなかった。私の記者会見の後、渡辺さんは「『あったものをなかったものにできない。』からもらった勇気」と題する文章をブログに載せ、私の行動を称賛してくださった。渡辺さんの言葉には、私の方こそ勇気をいただいた。その後、渡辺さんにお目にかかる機会を得、さらに2018年の8月には高校生を対象として宮城県南三陸町でキッズドアが開催した「次世代リーダーカンファレンス」の講師として招いてくださった。

ただ、私は自分が「勇気ある告発者」だと思ったことはない。あったものはあった、なかったものはなかったと言っただけだ。本当に勇気があったのは、左遷される危険を顧みず内部情報を国民に提供した文部科学省の現職官僚たちだ。

文藝春秋の「手記」、「わが告発は役人の矜持だ」

加計学園問題については、文部科学省内からどんどん文書が出てきた。私自身が持っていたものでメディアに提供したものもあるが、文部科学省の中に今もいる現職の公務員がかなりたくさんの文書を提供したのだと思われる。おそらく3、4人はいるだろう。現職中には見たことのない文書で、退官後にメディアに見せられて知った文書も多かった。担当職員のパソコンでしか見ることができないはずのメールも出ている。退職してから発言している私などより、現職にいながら内部情報を国民に知らせた彼らの方が、百万倍勇気があると思う。

文部科学省の中で加計学園の獣医学部新設がまともな案件だと思っていた人間は1人もいない。当時の文部科学大臣だった松野氏も含めて、上から下まで全員がこの仕事は筋の悪い仕事だ、安倍首相のお友達のために無理を承知でやらされているという感情を共有していた。だから、どこから文書が流出してもおかしくなかったのだ。

文部科学省という役所は政権の中枢に近いところにいない、もともと霞が関では周辺部分にいる役所なので、かえって官邸のグリップが利かず、いろいろな内部文書が出てきたのだといえる。

彼らは世の中に名前が知られていない（私自身も誰なのかは知らない）ために、その勇気を称賛される機会がないだけだ。彼らこそが「勇気ある告発者」である。

私が「勇気ある告発者」であるがごとき印象を強めたのは、月刊「文藝春秋」2017

年7月号の記事だと思う。私は同誌の依頼に応じて加計学園問題についてインタビューを受け、それが記事になったのだが、ゲラを見せてもらった時に驚いた。記事のタイトルが「前川喜平前文科事務次官手記　わが告発は役人の矜持だ」となっており、内容は私が一人称で書いた体裁になっていたからだ。この号の表紙には、ご丁寧に赤字で「特集　驕れる安倍一強への反旗　前川喜平前文科事務次官手記」と書かれていた。

私自身が書いたわけではないのに私が書いた体《てい》になっているのはおかしいと言ったのだが、編集部からは「そういうものなんです」との返事。しかたなく同意したが、タイトルには違和感が残った。第一「わが告発は役人の矜持だ」などという台詞《せりふ》は、インタビューの際にもそれ以外の場でも、私は一度も口にしたことがない。それでもこの記事は載ってしまった。ところがその年の暮れに文藝春秋編集部から連絡があり、件《くだん》の記事が「文藝春秋読者賞」に選ばれたので、授賞式に来てほしいと言われた。読者賞とは年間の記事のうち最も優れた記事として読者が選んだものに与えられる賞だという。「私が書いたわけではないのに、私がもらうわけにはいかない」と抵抗したのだが、「あなたが来ないと格好がつかない」と頼まれ、渋々授賞式に出席することにした。

授賞式となれば、受賞者は「受賞の喜び」のような言葉を求められるはずだ。その時、一体何を言ったらいいのだろう。思いが定まらないまま、紀尾井町（東京都千代田区）の文藝春秋社へ行った。行ってみると、授賞式の会場は社内の会議室で、参列者は編集部員などの社員ばかりだった。「なんだ。こんな内輪の行事だったのか」と安心して、「受賞の弁」では「書いてもいない者に賞を与えるのはおかしい」としゃべってきた。それでも賞品の置き時計と賞金の金一封はちゃんともらって帰ってきた。この日うれしかったのは、この授賞式で尊敬する半藤一利氏にお目にかかれたことだ。半藤氏と船橋洋一氏の「太平洋戦争の失敗に学べ」という記事が読者賞を同時受賞したからだ。一緒に写真を撮っておけばよかった。

第2章

私物化の継承と暗躍する官邸官僚

国政私物化も継承した菅政権

アベスガ政権からスガスガ政権へ

安倍政権が7年8カ月の長きにわたって存続できたのは、この間一貫して官房長官の職にあり、安倍政権の権力基盤を築いた菅義偉氏に負うところが大きい。その意味で、安倍政権はもともと「アベスガ政権」だった。菅官房長官がいなければ、安倍政権はもっと早く終わっていただろう。

2020年9月、首相に就任した菅氏は政権発足に当たって、安倍政治を継承すると宣言した。菅政権が「安倍無き安倍政権」と言われたゆえんである。官邸一強体制も人事を通じた国家機構の支配もそのまま続いた。もともと安倍政権で菅官房長官がやっていたことを、首相になった菅氏がそのまま続けたということだ。人事を通じた官僚支配はいよいよ強まり、権力の暴走と腐敗がさらに進んだ。

「菅に菅なし」（安倍首相には菅官房長官がいたが、菅首相には菅官房長官がいない）ともいわれる。

菅首相には政権基盤を支える腹心となる存在がいないということだ。菅政権の官房長官は加藤勝信氏だが、加藤氏は菅氏が官房長官だった時の副長官だった。記者会見での答弁は、おそらく菅氏より加藤氏の方がうまい。尻尾をつかまれないようにごまかすのがうまいのだ。法政大学の上西充子教授から「ごはん論法」という言葉をもらっただけのことはある。しかし、人事を通じた官僚の操縦は、引き続き菅氏が事実上の官房長官をやっているのだと思う。その意味で加藤氏は今でも官房副長官なのだ。むしろこの点で菅首相を支えているのは、事務の官房副長官である杉田和博氏だろう。この政権は、首相も菅氏、実質的な官房長官も菅氏という「スガスガ政権」なのだ。全くすがすがしい気持ちにはなれないが。

菅氏は官房長官として、モリ・カケ・サクラなど安倍首相（当時）とその周辺の人たちによる国政の私物化について、首相の安倍氏に代わって記者会見で矢面に立ってきた。加計学園問題では記者会見や国会質疑の場で、文部科学省から流出した文書を怪文書呼ばわりしたり、私に対して名誉毀損に当たるような人格攻撃をしたりする強気の対応も辞さなかった。いわば安倍氏の不始末の尻拭いをさせられてきたわけだ。別に菅氏に同情するわけではないが、安倍氏とその周辺による国政の私物化には、内心思うところがあったのではないかと思っていた。

安倍氏の国政私物化の後始末で散々苦労したのだから菅氏自身は国政の私物化に手を出

さないのかと思いきや、全くそんなことはなかった。国政私物化もちゃんと継承していたのだ。長男が勤める東北新社と菅氏が「天領」とする総務省との過剰接待を介した癒着には、安倍政権の森友学園問題や加計学園問題と同じ臭いがする。

お友達を文化功労者に

安倍氏によるモリ・カケ・サクラといった国政私物化路線は、菅氏もちゃんと引き継いでいる。子息・正剛氏が勤める東北新社と菅氏の天領といわれる総務省との癒着疑惑の真相は、なお解明を待たなければならないが、私が特に許しがたい思いにかられるのは、「お友達」を文化功労者にしたことだ。

文化功労者は毎年、文化審議会文化功労者選考分科会により、「文化の向上発達に関し特に功績顕著な者」（文化功労者年金法）として、文化、学術、スポーツの分野から選考される。文化の分野で言えば、文学、美術、音楽、演劇、大衆芸能などで極めて優れた創造活動をしてきた人たちが選ばれてきた。文化功労者には国庫から年額350万円の年金が終身支給される。

ところが2020年の文化功労者の中に、あろうことか菅首相のタニマチといわれる経済人が含まれていたのだ。飲食店情報サイト「ぐるなび」の創業者で会長の滝久雄氏だ。

滝氏は菅氏の横浜市議会議員時代からの支援者で、その経営する傘下の広告会社を通じて菅氏に多額の献金をしてきたといわれる。菅氏に頼まれて件の山口敬之氏に関連会社から顧問料を支払っていたことも知られている。また「ぐるなび」は菅首相が始めた「Ｇｏ Ｔｏイート」キャンペーンで大いに潤ったともいわれている。

ノンフィクション作家の森功氏が「週刊現代」２０２１年6月5日号に書いているところによると、創業者の滝氏に次ぐ「ぐるなび」の大株主である楽天の第三者割当増資を日本郵政などが引き受けたことにより楽天の資金繰りのめどが立った時、滝氏は親しい知人たちにこう言ったという。「これで大きな人減らしやリストラをしなくて済んだ。さすが菅さん、よくやってくれたよ」。日本郵政の現在の社長は元岩手県知事・元総務大臣の増田寛也氏だが、森氏の記事は「菅さんはこの増田さんを日本郵政の社長に据え、楽天の増資計画を斡旋した、といわれているのです」という「ある官邸の関係者」の話を伝えている。菅氏と滝氏とは長年の「持ちつ持たれつ」の関係にあるということだろう。

２０２０年文化功労者に関する文部科学省の発表を見ると、滝氏の「専攻」は「食文化・パブリックアート・文化振興」だとされている。報道によればその業績は「公共施設に芸術を導入するパブリックアートや囲碁の普及に尽力し、文化芸術の振興に貢献」したこと（２０２０年10月27日付日本経済新聞）だという。彼が理事長を務める公益財団法人日本交通文化協会のホームページでは、その功績が「長年にわたりパブリックアートの普及、『1％フォー・アート』の提唱、食文化の振興、ペア碁（筆者注：男女がペアを組んで対局する囲碁）の普及など文化・芸術活動に多大な貢献を果たした」と記載されている。いろいろな「功績」が並べられているが、どれ一つとして文化功労者として顕彰できる顕著なものではない。「小さな功績」をたくさん足し合わせたら「大きな功績」になるというものでもない。要するにどう見ても文化功労者にふさわしい人物ではないのである。

文化の世界で見るべき功績が何もないこんな人物を文化功労者に選ぶ。滝氏には我々の税金から毎年350万円の年金が払われる。これが税金の私物化でなくて何だろう。そこにはむき出しの縁故主義がある。菅首相と滝氏との縁故、滝氏と宮田亮平文化庁長官（当時）との縁故、宮田氏と文化功労者選考分科会副会長の澤和樹東京芸術大学学長との縁故、東京芸大と滝氏との縁故、これらの縁故については、森功氏が「週刊ポスト」の2021年3月12日号と3月19・26日号に書いている。

菅首相と滝氏とは囲碁でもつながっている。森氏の記事によれば、滝氏が主催する囲碁大会は菅氏の子息・正剛氏が取締役を務める東北新社の子会社「囲碁・将棋チャンネル」がテレビ放送してきた。また、ペア碁の大会の表彰式には官房長官時代の菅氏が駆けつけたという。

宮田氏は金工造形の作家で、2016年4月に東京芸術大学学長から文化庁長官に就任した。滝氏と宮田氏との縁故については森氏がこう書いている。「1990年代から現在に至るまで滝が依頼し、JRや地下鉄の駅構内に宮田作品を設置。滝が理事長を務める日本交通文化協会のHPでは、これでもか、とばかりにそれらを紹介している。高崎駅の『幸せのだるま』や北千住駅の『乾杯』、東京メトロ池袋駅『幸せのリング』、東京メトロ上野駅の『上野今昔物語』といったアンバイだ」。滝氏が会長を務める株式会社NKBは、熱海に「クレアーレ熱海ゆがわら工房」という制作・展示施設を持っているが、宮田氏がそこへ「しょっちゅう出かけ、自らの作品も展示しています」という「政府の関係者」の言葉も紹介されている。

菅氏と宮田氏を引き合わせたのは滝氏だったと思われる。森氏は次のような「ぐるなび関係者」の言葉を伝えている。「滝が菅と宮田の接着役を果たしていると思います。もともと滝はパブリックアートで宮田と関係を深め、政界で力をつけてきた菅官房長官を宮田に紹介したのでしょう」。2016年4月の文化庁長官人事の裏側にこうした人間関係があったことを、当時の私は知らなかった。

2016年4月の文化庁長官人事は、その年の1月に当時文部科学省内で旧文部省系官僚のトップである文部科学審議官のポストにいた私が原案をつくり、馳浩文部科学大臣（当時）の了解を得て、官邸に協議した。私の案は文化行政に詳しい河村潤子生涯学習政策局長（当時／現在は日本芸術文化振興会理事長）を内部登用するというもので、馳大臣も了解し、官邸の杉田和博官房副長官も「女性、いいじゃないか」と好意的な反応を示した。しかし、菅官房長官（当時）にその人事案があがり、しばらくすると杉田副長官から「官僚ではなく文化人の中から選べ」という官房長官の指示が降りてきた。その菅氏の意中の人が宮田氏だった。このとき宮田氏は東京芸術大学の学長選挙で圧勝した直後で、4月以降の学長続投が決まっていたから、このタイミングで文化庁長官就任を打診しても断られるだろうと思っていた。ところが打診してみると、意外にも宮田氏は文化庁長官就任を了承したのだ。今から考えると、この時すでに菅氏と宮田氏の間で話がついていたのかも知れない。

文化功労者をめぐる欲望の渦

宮田氏と東京芸大の学長選挙を争ったのが、音楽学部出身でバイオリニストの澤和樹・現学長だ。宮田氏は文化庁長官に転出することにより、東京芸大学長のポストを澤氏に譲った形になった。音楽学部からの学長就任は37年ぶりのことであり、澤氏だけでなく音楽学部全体がこの「禅譲」を歓迎したであろう。その澤氏が２０２０年９月、文化審議会文化功労者選考分科会の委員に任命され、副分科会長・芸術文化小委員会委員長に就任した。

芸術文化分野の文化功労者の人選を取りまとめるポストである。

澤氏と滝氏を引き合わせたのは宮田氏だろう。三者の関係の一端を森氏は次のように紹介している。

パブリックアートの振興目的と称し、国際瀧冨士美術賞（滝氏が理事長を務める）交通文化協会では、文化庁長官になったあともずっと宮田が賞の審査員を務めてきた。宮田は賞の授賞式にも参加し、そこに東京藝大の澤学長が駆け付けてヴァイオリンを演奏して花を添える」「滝は東京藝大とお茶の水女子大に10億円ずつ寄付し、大学が国際交流施設を建てる。お茶の水女子大学の施設には宮田の彫刻が置かれ、2019年の施設竣工式ではここでも澤がヴァイオリン演奏を披露している」「澤は東京藝大でアーツ・ミートサイエンスなるプロジェクトを立ち上げて昨年（2020年）9月、滝を運営委員に加えている。文化功労者選出のメンバーとなったあとのことだ」

文化功労者選考分科会は文化庁に置かれる文化審議会の一分科会という位置づけであるが、もともとは文化功労者選考審査会という独立した審議会だった。芸術文化の分野だけでなく、学術分野やスポーツ分野の文化功労者も選ぶので、その事務局は文部科学省の大臣官房人事課が担当している。毎年9月に委員が任命され、2カ月だけ仕事をして、その年の文化功労者と文化勲章受章者を選ぶ。文化功労者と文化勲章受章者の候補者リストは、事務方が原案を作成するのではなく、各委員がふさわしいと考える人物を推薦し、その推薦をもとに合議で人選する方法をとっている。政治家や官僚の恣意的な介入が難しい仕組みだ。しかし、首相がその気になれば、意中の人物を文化功労者に選ぶことは可能だ。そのためには、文化功労者選考分科会の委員の人選の段階で人事に介入すればいいのだ。委員の任命権は文部科学大臣にあるが、閣議了解が必要な人事なので、首相や官房長官が委員人事に介入することが十分に可能なのである。

澤氏の分科会委員任命は、初めから滝氏を文化功労者に選ぶことを目的として行われたのだろう。森氏は「ぐるなび関係者によれば、滝の推薦人は澤だったという」と記している。しかし、滝氏を選ぶことに難色を示す委員もいるかも知れない。その時のためには、澤氏を応援する委員も必要だ。その応援要員だったのは、蓼沼宏一一橋大学前学長と丹呉《たんご》泰健《やすたけ》日本たばこ産業会長だったのではないか。蓼沼氏は分科会長になったが、彼は澤氏の妻でピアニストの蓼沼恵美子氏の弟、つまり澤氏の義弟だ。丹呉氏は元財務事務次官で、2014年4月まで安倍内閣の内閣官房参与の職に就いていた。森氏の記事によれば委員の一人だった作家の林真理子氏は滝氏を選ぶことについて「別におかしいとは思いませんでした」と語っており、別の委員も「会議が紛糾することもありませんでした」と語っているので、応援要員の出番はなかったのかも知れないが。

森氏の記事を読んで思いだしたのは、滝氏を文化功労者にできないかという話が、かつて故与謝野馨衆議院議員から私のところにもあったことだ。私は与謝野氏が文部大臣になった時にその秘書官を務めたので、彼は文部省に関わる案件については常に私に話をもってきた。与謝野氏はめっぽう囲碁のうまい人で、「国会議員で本物の六段は2人しかいない。その1人が僕だ」と自慢していた。その囲碁つながりで、滝氏から「文化功労者になりたい」と陳情されたのだろう。私が「それは無理です」と感触を伝えると「それはそうだろう」とすぐ引っ込んでくれた。滝氏には「文部省に話をしたが、とても無理だと言っていたよ」というような返しをしたのだろう。まともな政治家ならそういう対応をする。

滝久雄という人物は名誉欲の強い人なのだろう。このままいくと次は文化勲章を狙うに違いない。菅氏が権力の座にとどまるなら、その野望もいつか実現する日が来るだろう。

安倍氏の思いつきと菅氏の思い入れ

国政の私物化も含めて安倍政治を継承した菅首相だが、もちろん安倍氏と菅氏とでは、性格や能力の違いがある。安倍氏は口がうまいが、菅氏は口下手だ。安倍氏を褒めているのではない。言葉を換えれば、安倍氏は嘘をつくのがうまいということだ。菅氏の場合は、呂律が回らないのか思考が混濁しているのかと思うほど、話す内容に一貫性がない。嘘をつきまくった安倍前首相と何も言わない菅首相、どちらも国民への説明責任を果たしていない点では共通だ。

人間より国家を優先する国家主義と人間より企業を重視する新自由主義は、この40年間日本の政治の基調をなしてきたが、国家主義の傾向が強かった安倍政権に対し、菅政権では新自由主義が前面に出てきた。それは、菅政権が新たに立ち上げた成長戦略会議のメンバーである竹中平蔵氏（パソナグループ取締役会長）、デービッド・アトキンソン氏（元外資系証券アナリスト）、内閣官房参与に任命された元財務官僚の高橋洋一氏といった菅ブレーンの顔ぶれを見ても分かる。

竹中氏は小泉内閣の頃から政権中枢に食い込み、郵政民営化や労働者派遣法の度重なる「改正」など、規制の撤廃や競争原理の導入を積極的に進め、人権保障や公共の福祉を掘り崩してきた中心人物だ。政権と癒着することにより巨万の富を手にする「現代の政商」でもある。パソナグループは新型コロナウイルス対策や五輪関連の事業を受託し、それを再委託したり外注したりして「中抜き」をすることで大儲けしているといわれる。最近では「中」を抜いて「竹平蔵」と呼ぶ人までできた。

アトキンソンという人は、日本国内の中小企業の数を半分にしようと提案している。競争力の弱い企業を淘汰するということだが、今の日本経済においては大企業が軒並み衰亡し、むしろ中小企業の頑張りによって支えられている。中小企業を育てる政策こそ必要なのではないか。

高橋氏は、赤字国債は日銀が引き受けるなど国内で買われる限りはいくら発行しても大丈夫だという「現代貨幣理論」（ＭＭＴ）の信奉者だが、この考えはかなり危険だ。雪だるま式に増えた国の借金を、あとの世代につけ回しすることになり、どこかで必ず破綻するだろう。高橋氏は２０２１年5月ツイッターで、各国の人口１００万人あたりの新型コロナウイルス新規感染者数のグラフを引用しつつ「日本はこの程度の『さざ波』。これで五輪中止とかいうと笑笑」とツイートし、さらに日本の緊急事態宣言を「屁みたいな」ものというツイートもして人々の批判を招き、5月24日付けで内閣官房参与を辞職した。公職は辞職しても菅氏のブレーンであることに変わりはない。このような人物が行う献策が人間の命を第一に考えるものになるはずはない。

国民の人気取りのため官邸発の思いつき政策が繰り出される状況は安倍政権も菅政権も変わらないが、思いつきへの「思い入れ」に違いがある。安倍前首相の場合には「思い入れ」がまるでなかったが、菅首相の場合は「思い入れ」が過剰なのだ。

安倍氏の政策は側近の官邸官僚から振り付けられた政策だったから、思い入れもなかった。思い入れがないから、こだわりもなく、簡単に放棄したり放置したりできた。放置しっぱなしだった政策の一つが、２０１５年9月に安倍前首相がアベノミクスの第2ステージとして打ち出した「新3本の矢」の一つ「希望出生率1・8の実現」だ。あの時彼は「少子高齢化の問題に、私は、真正面から挑戦したいと考えています」と断言したが、事実はそれ以来出生率は下がりっぱなしだった。2015年は1・45だったが、2020年には1・34まで下がった。この矢は5年間、的と逆の方向に飛んでいるのだろう。この公約違反について、安倍氏は何の陳謝も弁明もしていない。何もせずに放置して人々が忘れるのを待つ。彼はそれで何の痛痒も感じない。無責任の極みである。

しかし、安倍氏には自分の政策に思い入れがない分変わり身が早いという「利点」もあった。例えば、安倍氏は大学入試改革には個人的な思い入れが全くなかった。大学入試センター試験を廃止し、英語民間試験と記述式問題を導入した大学入学共通テストを実施するという改革案は、下村博文氏（2012年12月から2015年10月まで文部科学大臣）が思いつき、思い入れていたものだ。当事者である高校生たちを含む高校や大学の関係者から反対の声が高まる中、英語民間試験の受検機会の不平等について「身の丈に合わせて頑張ってくれ」という萩生田光一文部科学大臣の失言をきっかけに批判的な世論が高まると、ぎりぎりのタイミングで官邸主導により英語民間試験導入を中止した。

菅氏の場合も、思いつき政策の知恵を出しているのはブレーンや側近なのだろうが、その思いつきを政策として実施に移す判断をしているのは菅氏自身だ。安倍氏と違って自分で判断している分始末が悪いといえる。自分で思いついた政策を、国民の喜ぶいい政策だと思い込み、何としても実現し継続し拡大しようと思い入れる。周りの意見が耳に入らない。暴走機関車のように突っ走る。菅氏は「ぶれない姿勢」が信条だそうだが、裏返せば、反省して軌道修正することができないということだろう。ふるさと納税制度にしても、日本学術会議の会員任命拒否にしても、Ｇｏ Ｔｏキャンペーンの継続にしても、東京オリンピック・パラリンピックの強行にしても、彼自身にこだわりがあるため、軌道修正ができない。周りに諫言できる人間がいない。彼は「裸の王様」なのだ。

改憲を欲する安倍氏、壊憲を続ける菅氏

安倍氏は、政策については周りの思いつきに乗っかっていたが、国家観については自身の思い込みがあった。「日本を取り戻す」「美しい国」「戦後レジームからの脱却」などの言葉で、日本国憲法を否定し戦前に回帰しようとする志向を隠さなかった。憲法改正にこだわり続けたし、閣議決定で集団的自衛権を認めるという憲法違反の解釈改憲も行った。

他方、菅氏はそのような国家観や憲法改正への思い入れを持ち合せていないように見受けられる。戦前回帰的憲法改正を求める安倍支持層を引きつけておくためのポーズはとるだろうが、公明党を引きつけておくためにも、憲法改正に本気で踏み込んでいくとは思え

ない。２０１２年に自民党が発表した「日本国憲法改正草案」は、基本的人権の尊重、平和主義、国民主権という大原則を破壊する極めて危険なものだったが、そのような憲法改正の差し迫った危険は、ある程度遠のくだろう。

しかし、菅首相の危険性は、憲法を裏側から崩壊させるのではないかということだ。日本学術会議の会員任命拒否は、明らかに学問の自由や言論の自由に対する侵害行為であるが、菅首相は侵害していないと言い張る。それどころか任命拒否の根拠に憲法第15条を持ち出した。憲法を根拠にして憲法を破壊する行為を行ったのだ。法律の解釈変更すらしていないと主張している。日本国憲法を蔑《ないがし》ろにするという点では安倍氏と同じだが、憲法を正面から歪めようとした安倍氏の動きは目に見えていたことにくらべ、菅氏の憲法破壊行為は目に見えにくいところが怖い。

２０２１年6月に国民投票法（正式には「日本国憲法の改正手続に関する法律」）の改正案が成立した。２０１４年の改正で、投票権の年齢が20歳から18歳に引き下げられていたが、今回の改正は、駅やショッピングセンターでも投票できるようにすることや遠洋航海中の水産高校などの実習生も洋上投票できるようにすることがその内容だ。このように自民党主導で着々と憲法改正国民投票の環境整備が行われていることについては、私も危惧の念を持つ。２０１２年4月に自民党が発表した「日本国憲法改正草案」は、個人の尊厳を踏みにじり、国家権力による人権侵害を極めて容易にするなど、とんでもない代物だった。

今回の国民投票法改正案には、憲法改正について賛成・反対を呼びかける国民投票運動の際のＣＭやインターネットの規制について「施行後３年を目途に必要な法制上の措置その他の措置を講ずる」とする附則を加えることを条件に、立憲民主党が賛成に回ったが、日本共産党はあくまでも反対した。立憲民主党の態度の裏には、菅首相が本気で憲法改正に取り組むつもりがないとの読みがあったのだろう。しかし、いつまた安倍的積極改憲派が自民党の主導権を握るとも限らない。多くの国民が関心を持ち、十分な議論の上で冷静な判断をすることができるようにするためには、現在の国民投票法は問題だ。

現在の国民投票法では、投票期日の14日前まではテレビ、ラジオでの広告放送（ＣＭ）を無制限に行うことができるし、インターネット広告も規制されていない。大企業やお金持ちの支持する政党が、その資金力で大量の広告を効果的に行うことが可能だ。これでは公正な投票にならないから、広告の時間や広告に使う資金額が賛成派・反対派に公平になるよう規制することが必要だ。

また、現在の国民投票法では、投票された票のうち無効票を除いた数を「投票総数」とし、賛成がその２分の１を超えたら憲法のいう「過半数の賛成」だということになっている。もし投票率が30％しかなかったら、有権者の総数の15％を超える賛成があれば「過半数」だということになってしまう。そのような少数の賛成で憲法改正が行われないよう、最低投票率または絶対投票率（有権者の総数のうちで必要とされる賛成投票率）を設けるべきだ。

さらに、公務員や教師は、その地位による影響力又は便益を利用して国民投票運動をすることを禁止されている。しかし「影響力」とか「便益」とかいう言葉は曖昧なので、結局国民投票運動がほとんどできなくなるおそれがある。また、現行憲法の意義を学校で教えることさえも、教師の影響力を利用した改憲反対運動だとされる危険がある。最も大きな「影響力」や「便益」を握っている集団は政権与党の政治家たちだ。一般職公務員や公立学校教員に国民投票運動の制限を課すのであれば、与党政治家にはそれ以上の制限を課さなければおかしい。

以上のような問題点を解消しなければ、国民投票を実施するわけにはいかない。

一方、憲法改正に積極的ではないからといって、菅首相なら安心というわけにはいかない。菅氏のように権力を振るうことに何の躊躇もない人物が政権の座に居続ければ、憲法は裏側からどんどん破壊される危険性がある。日本国憲法は手つかずのまま残っていても、気がついたらその中身は空っぽになっていたということになりかねないのだ。

安倍氏の政治は家業、菅氏の政治は稼業

安倍氏と菅氏が何のために政治をやっているのかと考えると、安倍氏は名誉を得るため、菅氏は権力を得るためなのではないかと思われる。安倍氏にとって政治は「家業」である。祖父（岸信介）と大叔父（佐藤栄作）は首相、父（安倍晋太郎）は外務大臣という政治家三代目だ。富と権力はもともと持っていた。ほしいのは名誉だ。それは、祖父が果たせなかった憲法改正という悲願を達成することによって、歴史に名を残すことだ。

菅氏にとって政治は「稼業」だ。彼は食い扶持を稼ぐために政治の世界に入った。1973年に法政大学を卒業後、民間企業勤務を経たのち大学の就職課の斡旋で小此木彦三郎衆議院議員事務所に採用されたが、それまで小此木氏の名前を知らなかったという。彼は、政治家秘書という職業に就職したのである。しかし、彼はその稼業の中で次々に成功を収めた。人脈をつくり、スポンサーを獲得し、政治権力を獲得し、拡大した。権力の獲得と拡大が彼の行動原理なのだろう。それは、父親という権力に反発して家を出た過去に関係しているのではないだろうか。菅氏の父親は地元秋田でいちご栽培で財をなし、町議会議員を4期務めた人物である。家業を継ぐことを期待する父に反発するように菅氏は、高校卒業後に上京。自力で学費を稼ぎ、大学に進学した。父親を超える権力者になって父

親を見返すことが人生の目的になったのだと思う。

菅氏の国政私物化は安倍氏の国政私物化より危険かも知れない。菅氏の権力欲はとどまるところを知らない。憲法も立憲主義も彼を縛るものではない。安倍氏による国政の私物化は自分と自分の友達への個別の利益誘導だったが、菅氏がこのまま総理・総裁の座に座り続ければ、彼は国家機構全体を権力的支配によって私物化するのではないだろうか。

官邸官僚・和泉洋人氏の暗躍

官邸官僚の顔ぶれの変化

「官邸官僚」という言葉は、私の知る限りノンフィクション作家の森功氏が作った言葉だ。首相や官房長官を直接支え、各省の頭越しに政策を立案し、各省の上に立って指示を下す。こうした種族は第2次安倍政権より前には存在しなかった。官邸を中心とする内閣官房に、もちろん官僚はいたが、彼らは主に各省間の政策の調整を行うことが仕事であって、自ら政策を考える立場ではなかった。その人数もごく限られたものだった。しかし、安倍首相（当時）は側近の官僚または元官僚を重用し、さらに内閣官房や内閣府に様々な「本部」や「室」を設けて、その組織を肥大化させた。

アベスガ政権からスガスガ政権に替わったことで、まず目に見える変化が起きたのは、その「官邸官僚」の顔ぶれだ。アベスガ政権においては、経済産業省出身の安倍側近官邸官僚が闊歩《かっぽ》し、暗躍していたが、スガスガ政権になってこれらの安倍側近官邸官僚たちは一掃された。代わって、菅側近官邸官僚の官邸内での権力が飛躍的に拡大した。その中心は、杉田官房副長官、北村滋国家安全保障局長（2021年7月7日付で退任）、瀧澤裕昭内閣情報官などの警察官僚、より正確に言えば公安警察官僚だ。杉田氏も北村氏も、〝日本のCIA長官〟ともいわれる内閣情報官（内閣情報調査室のトップ）の経験者だ。菅政権の下で、この国は警察権力で人々の自由や権利を押さえつける警察国家に、ますます近づいていくのではないかと思われる。警察権力の政治化は極めて危険だ。

政権交代を生き延びてきた和泉洋人氏

菅政権で明らかに権力を拡大した官邸官僚は和泉洋人首相補佐官だ。この官邸官僚のすごいところは、内閣が替わっても政権が替わっても政府の中枢に居続け、その勢力を伸ばしてきたことだ。彼はもともと建設省に入省した技官だが、小泉純一郎内閣の時に国土交通省から内閣官房都市再生本部事務局次長に登用された。その後国土交通省に戻り住宅局長を務めたが、2009年7月、麻生太郎内閣の末期に地域活性化統合事務局の局長に抜擢された。このポストで彼は都市再生や地域再生に加えて特区制度も担当することになる。

2009年9月に政権交代が起こり、旧民主党の鳩山由紀夫内閣が成立したが、和泉氏はそのまま留任し、旧民主党政権下でも特区制度を担当した。2012年9月、定年まで

1年あまりを残して国土交通省を退官した後、翌10月には内閣官房参与に任命され政権中枢にとどまった。同年12月には再び政権が交代し第2次安倍内閣が成立したが、和泉氏は内閣官房参与にとどまり、年があけた2013年1月には首相補佐官に登用された。その背景には菅官房長官（当時）との強いパイプがあったといわれる。以来、安倍政権・菅政権を通じて9年近く首相補佐官の地位に座り続けている。

和泉洋人氏と株式会社立学校特区

旧民主党政権下での私の和泉氏との関わりは、株式会社立学校を認める構造改革特区制度の評価・見直し作業の時に生じた。

株式会社立学校の特区は小泉政権下で導入された。学校教育法第1条に定められた学校（幼稚園、小学校、中学校、高等学校、大学など）は国、地方公共団体のほかは学校法人しか設置することができないことになっている。それは、学校が「公の性質を有する」（教育基本法第6条第1項）から営利を目的とすることはできないという考え方に基づく。学校法人は営利を目的とせず公益性を持つ法人である。ところが小泉内閣では「構造改革」のかけ声の下、学校教育は公的機関が独占する「官製市場」とみなされ、その「民間開放」つまり営利事業者への開放が求められたのである。当時の遠山敦子文部科学大臣は制度の導入に抵抗したが、抵抗しきれなかった。

「株式会社立学校特区」とは、構造改革特別区域の認定を受けた都道府県または市町村で株式会社が学校を設置できるという制度の通称だ。しかも高等学校以下の学校は、市町村でも特区認定されれば設置認可ができる。都道府県に置かれる私立学校審議会での審査をすっ飛ばすことができるのだ。市町村が設置認可した学校においては、教員免許状を持たない者に市町村が特別免許状を授与することができることにもなっている。学校教育の質を確保するための仕組みが二重三重に撤廃されている。こんなことをすれば、学校の質が低下することは目に見えていた。

構造改革特区は特定の地域を規制緩和の実験場とし、その成果を評価した上で、成果のあがったものは全国展開し、弊害の多いものは廃止するという制度だ。構造改革特区制度の下で株式会社立学校特区を残すのか廃止するのかについては、2011年10月から2012年6月にかけて、構造改革特区本部に置かれた「評価・調査委員会」の「教育部会」の場でかなり突っ込んだ議論が行われた。なぜ「突っ込んだ」議論になったかといえば、文部科学省が本気でこれを廃止しようと動いたからだ。議論が白熱したために、予定していた2011年度内での結論に至らず、2012年度に持ち越すことになった。

株式会社立学校の大半は広域通信制高校だが、文部科学省は調査の結果を踏まえ、この教育部会にそれらの学校で行われている教育内容に大きな問題があることを指摘した。例えば、添削指導において「添削レポートの大部分を多肢選択式とする」「添削返却に解説を付さない」などの不適切な事例が多かった。また、構造改革特区として認定された市町村が、これらの学校の設置認可を行い所轄庁として指導すべき立場にありながら、所轄庁としての能力がなく学校の実態も把握していない事例も指摘した。さらに、文部科学省は、株式会社立学校の多くが私学助成の対象となる学校法人化を望んでいるという調査結果も提出した。当時の文部科学大臣は平野博文氏だったが、平野大臣は明確にこの株式会社立学校特区は廃止すべきだと考えており、そのことは評価・調査委員会にも伝わっていた（２０１２年3月2日の評価・調査委員会において、文部科学省が「この件に関しましては、平野文部科学大臣もこの特区は廃止すべきであるというふうなお考えでございます」と発言した記録がある）。

教育部会ではこの株式会社立学校特区を全国化することはできないというコンセンサスはあったが、廃止すべきかどうかについては賛否両論があった。当時私は文部科学省の大臣官房長だった。株式会社立学校特区を存続させようとする内閣府地域活性化統合事務局とのせめぎ合いの最前線にいたのは、大臣官房の総務課行政改革推進室だった。私自身、利潤追求を主目的とする組織に公共性の高い学校教育という事業を行わせることには根本的に問題があると考えていたし、平野大臣の株式会社立学校特区廃止の方針を実現するべき立場にもいたので、行政改革推進室には思う存分闘ってもらった。実際に、株式会社立の広域通信制高校にはとんでもないものがたくさんあったのだ。事実は説得力がある。教育部会の中では徐々に、学校法人の設立許可の要件について規制緩和することを条件として、この株式会社立学校特区を廃止するという案が有力になった。

株式会社立学校廃止案をひっくり返した和泉洋人氏

この時点で内閣府から巻き返しに乗り出したのが、当時地域活性化統合事務局長だった和泉氏だった。彼は与野党の政治家の間に人脈を張り巡らせ、平野大臣とも極めて近しい関係を築いていた。そこで直接、平野大臣にこう働きかけた。「株式会社立学校の特区は廃止することにするが、利害関係者も多いので、直ちに『廃止』にするとハレーションが大きい。段階的に廃止に持っていくため、今回は『是正』ということにさせてほしい」。この論法に平野大臣は同意した。ここで勝負がついたのだ。「廃止」を主張していた文部科学省自身が「是正」に後退したのだから、構造改革特区本部「評価・調査委員会」の結論が「廃止」になる可能性は封じられた。2012年5月25日の教育部会で、部会長は「是正という方向で評価意見案を取りまとめたい」と総括する発言をした。6月15日の部会で「是正」という評価意見案が了承され、この部会案をもとに6月29日、評価・調査委員会の評価意見が採択された。「廃止」を目指した文部科学省は敗《やぶ》れた。「是正」という評価意見を受けて、内閣府と文部科学省はそれぞれ認定自治体に対し是正のための指導文書を発出するなどの対応を行った。評価意見では、「是正」として行われた弊害予防措置については改めて検証を要するとされていた。和泉氏の平野大臣との「約束」では、是正の検証をし、弊害がなくなっていないことを確認したのち、「廃止」するはずだった。しかし、その約束は2021年7月の段階でまだ果たされていないし、和泉氏が政権内にいる限り今後も果たされる見込みはないだろう。

しかも、是正措置を講じている間に株式会社立学校による犯罪的な事例が明るみに出た。「ウィッツ青山学園事件」だ。三重県青山町が申請し、市町村合併で伊賀市になってから構造改革特区の認定を受けて2005年に設置認可したのがウィッツ青山学園高等学校だ。2015年12月に東京地検特捜部が同校を設置する株式会社ウィッツやその親会社の株式会社東理ホールディングスを家宅捜索したことから、この事件が世に知られることとなった。この会社は、高校無償化のため県から生徒の頭割りで支給される就学支援金（全額国庫負担）を、受給資格のない高校既卒者や学習実態のない「生徒」を集めて、だまし取っていた。また、その教育内容のひどさも、様々なメディアが明るみに出した。例えば同校の「スクーリング」においては、テーマパークでみやげを買った際の釣り銭を計算させて

「数学の授業」にしたり、レストランで食事をして「家庭科の授業」にしたりしていたという。

この事件が発覚した時、内閣府地方創生推進室（「地域活性化統合事務局」の後継組織）は、当然株式会社立学校特区について再検証するための評価・調査委員会を開くべきだった。是正措置を講じたにもかかわらず、明らかな弊害を示す事例が現れたのだから、今度こそは「廃止」を視野に入れた評価を行うべきだった。首相補佐官として引き続き構造改革特区制度を担当していた和泉氏も、それは十分過ぎるほど分かっていたはずだ。しかし彼は動かなかった。株式会社立学校特区はすでに利権と化していたからだ。

和泉洋人氏と「明治日本の産業革命遺産」

和泉氏にはその後も何度も煮え湯を飲まされた。安倍前首相の「お友達優遇」の一つである「明治日本の産業革命遺産」（以下「明治産業遺産」）の世界文化遺産への推薦と登録にあたっても、和泉氏は「大活躍」を演じた。

明治産業遺産の話はあまり知られていないが、安倍前首相による国政の私物化として、実は加計学園問題とその構図がよく似ている。ここで登場する「お友達」とは、この案件をユネスコの世界文化遺産に登録しようと運動していた加藤康子《こうこ》氏という人物だ。父親は故加藤六月元農林水産大臣。加藤六月氏は安倍前首相の父晋太郎の側近政治家だった。安倍家と加藤家とは家族ぐるみの付き合いだったので、安倍晋三氏と加藤康子氏とは幼なじみだったという。加藤康子氏の妹の夫が加藤勝信官房長官だ。

「週刊新潮」２０１５年５月21日増大号に載った加藤康子氏のインタビューによれば、明治産業遺産の世界遺産登録について、安倍晋三氏は加藤氏に「君がやろうとしていることは『坂の上の雲』だな。これは、俺がやらせてあげる」と言ったという。また、安倍氏は２０１２年９月に自民党総裁に返り咲くと、３日後には加藤氏に電話をかけ「産業遺産やるから」と決意を語ったという。しかし、この時点ではまだ自民党は野党だった。その裏で動いていたのが和泉氏だと思われる。

この案件は、２００６年11月に九州の６県８市が、文化庁の世界文化遺産推薦案件暫定リストの公募に応じて、「九州の近代化産業遺産」を提案したのが始まりだ。その後関係自治体に山口県が加わり、２００９年１月には「九州・山口の近代化産業遺産群－非西洋世界における近代化の先駆け－」の名称で暫定リストに掲載された。さらに、静岡県や岩手県まで加わって、２０１３年４月には名称を「日本の近代化産業遺産群－九州・山口と関連地域」に変更した。

この案件は、プロの目から見るとかなり筋の悪い案件だった。構成資産（世界遺産の価値を具体的に証明するものとして選ばれる文化財）には、松下村塾（山口県萩市）から官営八幡製鉄所（福岡県北九州市）までが入っており、関係自治体も次々に参入してきて、統一したコンセプトができていなかった。明治初期の産業遺産の中心的遺構というべき富岡製糸場（群馬県富岡市）は、すでに単独で世界遺産になっていた。さらに、世界遺産登録の大前提になる保全措置が十分できていない資産が含まれていた。中でも軍艦島（長崎県長崎市）はほとんど保全措置が行われておらず、２０２１年になっても毎日壊れ続けている。直ちにユネスコに推薦できない案件であることは明らかだった。

有力案件だった「長崎の教会群とキリスト教関連遺産」

ユネスコ世界文化遺産に推薦できるのは、各国毎年1件だけと決められている。日本政府からの推薦案件は、文化庁に設置された文化審議会の世界文化遺産特別委員会で選ばれることになっている。２０１３年当時の委員長は西村幸夫東京大学教授・日本イコモス国内委員会委員長だった。日本イコモス国内委員会とは、世界の文化遺産の保護を目的とする国際ＮＧＯであるイコモス（国際記念物遺跡会議）の日本支部に当たる組織である。

２０１３年の推薦案件の選定で、世界文化遺産特別委員会は粛々と選定作業を行い「長崎の教会群とキリスト教関連遺産」（以下「長崎キリスト教遺産」）を推薦案件として選んだ。

この案件の関係者は2015年の世界遺産登録を目指していた。その年が「信徒発見」から150年の特別な年だったからである。「信徒発見」というのは、幕末に潜伏キリシタンが発見された出来事だ。幕末の開国後、長崎の大浦天主堂を建設するために、フランスからベルナール・プティジャンという名前の神父が来日した。1865年に完成した大浦天主堂に、プティジャン神父がマリア像をフランスより運び入れたという噂を聞いた潜伏キリシタンたちがやってきた。彼らはマリア像を見てプティジャン氏が本物の神父であることを確信し、自分たちがキリシタンであることを告白した。日本に数多くのキリシタンがいたという事実はカトリックの世界で大ニュースになった。それだけに、2015年の信徒発見150年に合わせて、ユネスコ世界文化遺産への登録を実現したいという関係者の強い希望があったのだ。

ゴリ押しで割り込んだ「明治日本の産業革命遺産」

2012年、文化審議会が2013年度の推薦案件として長崎キリスト教遺産を選ぶ方向であることが分かると、和泉洋人氏は驚くべき行動に出た。文化審議会とは別の審査の場を内閣官房に作ったのだ。2012年7月、内閣官房地域活性化統合事務局に「産業遺産の世界遺産登録推進室」という組織を作り、「稼働資産を含む産業遺産に関する有識者会議」という審査の場を設置した。それを正当化する理由は、官営八幡製鉄所や三菱長崎造船所（長崎県長崎市）のように現在も稼働中の資産の保全は文化財保護法では対応できないため、文化庁で審査すべきではないというものだった。和泉氏は当時地域活性化統合事務局長だった。

民主党政権末期の頃のことだ。次の総選挙では自民党・公明党が政権を奪回することはほぼ確実視されていた。和泉氏はすでにこの件で自民党と通じていたのだろうと思われる。和泉氏は政界に極めて広い人脈を作っており、菅義偉氏ともかねてから近い関係だった。この件では安倍氏から内々の要請を受けていた可能性も十分にある。和泉氏は第2次安倍内閣発足間もない2013年1月に首相補佐官に任命され、引き続き明治産業遺産を担当した。

「有識者会議」は2013年8月、「明治日本の産業革命遺産」をユネスコへの推薦候補とすることを決定した。それは、文化審議会の世界文化遺産特別委員会が、長崎キリスト教遺産を推薦案件とする決定をした数日後のことだった。ユネスコへは1件しか推薦できないのに推薦候補が二つ並んでしまった。最後は菅官房長官（当時）の「政治判断」により明治産業遺産を推薦することが決まった。有力案件だった長崎キリスト教遺産を押しのけて明治産業遺産が政治的に推薦案件に決まった構図は、2017年に明らかになった加計学園問題を思わせる。有力候補だった京都産業大学を押しのけて加計学園が獣医学部新設の権利を得た構図によく似ているのだ。

日本イコモス委員長西村幸夫氏の立場

２０１２年の推薦案件の検討から２０１５年の世界遺産登録決定に至るまでの過程で、西村氏はずっと苦しい立場にいたと思われる。明治産業遺産については、彼は関係自治体による世界遺産登録推進協議会の「専門家委員会」の委員長だったが、他方２０１２年３月以降、毎年引き続いて文化審議会の正委員を務めており、２０１３年８月に文化審議会が長崎キリスト教遺産を推薦案件に決定した時は、その責任者である世界文化遺産特別委員会の委員長だった。

文化庁のホームページには今（２０２１年7月時点）も２０１３年８月23日の世界文化遺産特別委員会の「議事要旨」が残っている。Ａ４用紙わずか1枚の資料で、委員からどのような発言があったのかは全く分からない、議事要旨とはとてもいえない代物だ。「本年度の世界文化遺産推薦候補」の項目には、『長崎の教会群とキリスト教関連遺産』について、準備が整っており、文化審議会として推薦可能と部会へ報告することが了承された」と記載されている。一方、「明治日本の産業革命遺産　九州・山口とその関連地域」については、「内閣官房から保全方策の妥当性の評価と遺産価値の評価について意見を求められたことを受け、審議が行われた。審議の場で出された意見について、委員長がとりまとめて部会へ報告することとされた」とだけ記載されている。

この日の特別委員会は、13時に始まり15時30分に終わっている。この類の会議で2時間半は異例の長さだ。明治産業遺産への批判的な意見が相当出たのであろうと推測される。しかし、ここでの議論は政府の決定に何らの影響も及ぼさなかった。その次の回（2013年11月13日）の特別委員会の「議事要旨」には、さらっと「文化庁から『明治日本の産業革命遺産　九州・山口とその関連地域』が我が国としての本年度の推薦候補と決定されたことが報告された」とだけ記載されている。

各国政府からユネスコに推薦された世界文化遺産の候補は、ユネスコ世界遺産委員会で登録の可否を決める前に、イコモスによる専門的な審査を受ける。私が今もって不思議に思うのは、この問題だらけの明治産業遺産が、なぜイコモスの審査を通ったのかだ。構成資産の一体性がなく、保全措置もできていないのにイコモスが了解するはずがないと思っていた。しかし、結果としてイコモスは世界文化遺産へのユネスコによる登録を認めたのだ。私の知らないところで、相当な政治工作が行われたに違いない。それを仕掛けた側の中心には和泉氏がいたはずだが、仕掛けられたイコモス側の中心には日本イコモス委員長の西村氏がいたはずだ。

この間に和泉氏と西村氏との間に何らかの確執があったのだろう。２０１６年３月に文化庁が引き続き西村氏を文化審議会委員に任命しようとしたところ、官邸の和泉氏から「西村氏を委員に入れるな」と横やりが入った。文化庁はこの圧力に屈して、この年から西村氏を文化審議会委員から外した。

ボンでのユネスコ世界遺産委員会

明治産業遺産の世界遺産への登録が審議されたのは２０１５年の６月から７月にかけて、ドイツのボンで開かれた世界遺産委員会だった。この会議には首相官邸から和泉補佐官のほかに、前ユネスコ大使の木曽功氏と加藤康子氏も出席した。木曽氏は２０１４年４月から内閣官房参与だった。加藤氏は２０１５年７月に内閣官房参与に任命されたが、これは世界遺産委員会に政府代表団として出席できるようにするためだろう。

この世界遺産委員会では、韓国代表が明治産業遺産の登録に反対してもめた。軍艦島、三池炭鉱宮原坑（福岡県大牟田市）、三菱長崎造船所、官営八幡製鉄所などの構成資産は、戦争中に朝鮮半島から徴用された人たち（いわゆる徴用工）が強制労働を強いられたとする現場だったからだ。

結局、議長国ドイツの斡旋もあり、日本政府は「その意思に反して連れて来られ、厳しい環境の下で働かされた多くの朝鮮半島出身者等」(Koreans and others who were brought against their will and forced to work under harsh conditions) がいたことを認め、日本に産業遺産の情報センターをつくって、そこで徴用工の歴史も分かるようにするということで、折り合いがついた。この決着は当時の日本政府ユネスコ大使の佐藤地《くに》氏の働きに負うところが大きいと思われるが、加藤氏ら官邸側メンバーはこの決着に大いに不快感を抱いた。韓国に譲歩しすぎだというわけだ。

産業遺産情報センターの設置

2016年の9月、文部科学事務次官だった私は、加計学園問題だけでなく、明治産業遺産の情報センターについても、和泉氏から要請を受けた。東京都港区六本木にある国立新美術館の中にこの産業遺産情報センターをつくれないかというのだ。この美術館は戦前の歩兵第三連隊の跡地で、今もその遺構の一部が「別館」として残されている。和泉氏はこの別館に情報センターをつくりたいと言ってきたのだ。私は持ち帰って大臣と相談の上、それはできないと断った。どうしてもそこに情報センターをつくりたいのであれば、国立新美術館から切り離し、内閣府で所管してほしいと伝えた。

その後、この情報センターはどうなったのかと思っていたら、2020年6月になって、内閣府産業遺産情報センターが開設されたというニュースに接した。その場所は、構成資産のある長崎でも福岡でもなく、東京新宿で、所長に収まったのは加藤康子氏だった。

同センターでは「軍艦島で朝鮮人差別は聞いたことがない」などという元島民の証言が展示されていたため、韓国政府から「歴史的事実を歪曲した内容」が含まれると抗議があった。韓国の康京和《カンギョンファ》外相はユネスコ事務局長に書簡を送り、世界遺産委員会で日本政府が産業遺産の情報センターに徴用工の歴史を展示すると約束したことの履行を求める文書を採択するよう求めた。2021年7月16日からオンラインで開かれた第44回世界遺産委員会では7月22日、産業遺産情報センターでの朝鮮半島出身者の強制労働に関する説明が不十分として改善を求める決議が全会一致で採決された。

このままでは、2015年のボンでの世界遺産委員会で日本が韓国を騙したことになってしまう。しかし、加藤氏は「虐待を受けたという証言はなかった」と言って憚《はばか》らない。歴史修正主義という点においても、加藤氏は安倍氏の立派なお友達なのだ。

和泉補佐官の暗躍

和泉氏は紛れもなく菅首相の最側近であり懐刀である。菅氏にとって和泉氏が「任せて安心」な「使える人材」であることは間違いない。とにかく和泉氏は何でもやるし、何でもこなす。どんな課題についても、とりあえず菅氏が満足できる結果を出すのだ。2013年1月に第2次安倍内閣で初めて首相補佐官に任命されたときの担当事項は「国土強靱化及び復興等の社会資本整備並びに地域活性化担当」とされていたが、菅内閣ではさらに範囲を広げて、「国土強靱化及び復興等の社会資本整備、地方創生、健康・医療に関する成長戦略並びに科学技術イノベーション政策その他特命事項担当」となっている。

2015年7月に東京オリンピック・パラリンピックに向けた新国立競技場の建設計画が白紙撤回された後の処理をしたのも和泉氏だ。新国立競技場の建設費は当初1300億円と見込まれていたが、イラク出身の女性建築家、ザハ・ハディド氏のデザインを採用した結果、必要経費が増嵩《ぞうすう》し、2014年末ごろには3000億円以上かかると見積もられるようになった。それが問題視され、安倍首相（当時）は突如ザハ・ハディド案の白紙撤回を指示した。その後始末をして、内閣官房に「新国立競技場の整備計画再検討推進室」なる組織を設け、東京オリンピック・パラリンピック担当大臣を議長とする「新国立競技場整備計画再検討のための関係閣僚会議」を開催して、最終的に隈研吾《くまけんご》氏の設計で大成建設が建てるという結論にもっていったのは和泉氏である。

和泉氏が加計学園問題でも暗躍したことは先に述べたとおりであるが、一つ付け加えると、２０１６年10月の文部科学省文書「萩生田副長官ご発言概要」には、「和泉補佐官からは、農水省は了解しているのに、文科省だけが怖じ気づいている（中略）と言われた」という萩生田官房副長官（当時）の発言が記録されている。和泉氏がこの案件を仕切っていたことを裏づける記述だ。

同じ２０１６年9月に和泉氏は、Ｊ－ＰＯＷＥＲ（電源開発株式会社）の北村雅良会長を官邸に呼び、沖縄の高江米軍ヘリパッド建設への協力を求めた。その際「本件は官房長官直轄で私が仕切っている」と述べたという。

和泉氏については、２０１９年8月内閣官房健康・医療戦略室長として大坪寛子次長とともに京都大学ｉＰＳ細胞研究所の山中伸弥所長を訪問、財政支援の打ち切りを一方的に通告したことも報道された。「週刊文春」がこの2人が京都デートを楽しんで一緒にかき氷を食べていたことや、和泉氏が大坪氏を海外出張に伴わせコネクティングルームを手配するよう外務省に指示したことなどを報じたことを覚えている人もいるだろう。

首相補佐官は内閣法上首相の行う企画・立案を「補佐する」職だ。だから国政の責任者として国会でもメディアに対しても答弁することはない。しかし実質的には大臣や局長と同等かそれ以上の権力を握っている。各省に「指示」を飛ばし、人事にまで口を出す。国民に責任を負わない「闇の権力」と言っていいだろう。

第3章
安倍・菅政権における政と官

政と官の関係の変質

政と官のあるべき関係

日本国憲法が「公務員」と言う時、それは内閣総理大臣も含む言葉である。政治家であれ役人であれ、公職に就いている者全てを指している。

憲法第15条第2項は「すべて公務員は、全体の奉仕者であつて、一部の奉仕者ではない」と規定している。「全体の奉仕者である」だけでも十分意味は伝わるのに、わざわざ「一部の奉仕者ではない」と付け加えている。そこには、古今東西を通じて権力を握る者はその権力を自分と自分の仲間の利益のために使うという歴史的事実への反省が含まれているのだろう。

「公務員」という言葉は、憲法第99条にも登場する。「天皇又は摂政及び国務大臣、国会議員、裁判官その他の公務員は、この憲法を尊重し擁護する義務を負ふ」。ここに列記されている者は全て統治機構としての国家を構成し、国家権力を分有する。憲法は国民が国家を縛るために定めるものだという立憲主義の思想がここに現れている。

政治家の中には憲法に反する思想を持っていたり、法律に違反する行動をとったりする危うい人物がいるのも確かだ。しかし、たとえそうであっても、国民・住民の選挙により公職に選ばれた政治家は、民主政治の下で政治の権限と責任を負うべき存在なのだ。その意味で政治主導は民主主義の基本である。「官僚」「役人」などと呼ばれ、「政治」の下で「行政」に携わる一般職の公務員は、最終的な意思決定の責任を負う存在ではない。行政は政治に従属する。学生時代に政治学か行政学かの講義で「行政は政治の侍女」という格言を教わったが、右のような意味でこの格言は正しい。

しかし、政治の意思形成において官僚の果たすべき役割は極めて大きい。官僚は、政治家にはないものを持っているからである。まずは、官僚がそれぞれの行政分野で培ってきた知識、経験、情報、専門性といったものだ。

それに加えて、一般的に官僚が政治家より強く持っているのは「全体の奉仕者性」である。政治家は憲法第15条第2項の規定に反して、「一部の奉仕者」になりがちだ。国政選挙において、「郷土のために働きます」と正々堂々と公約する候補者は多いが、実は第15条第2項に違反している。国会議員は国民全体のために働かなければならない。政治家は自分の後援者や献金者のために政治権力を悪用して利益誘導することも多い。政治家はどうしても次の選挙を考える。次の選挙で当選するためには「票」と「金」が必要になる。そのため政治行動においても「票」と「金」につながるかどうかが判断基準になりがちである。それは「多数者」と「強者」に寄り添うということだ。つまり、「少数者」や「弱者」、そして子どもや外国人など票を持たない非有権者の声には耳を貸さなくなるということである。

選挙を意識することのない官僚は、政治家が見ようとしない人たち、少数者、弱者、非有権者にも目を向ける余裕を持っている。その意味で「全体」に奉仕することができる。政治的中立性・公平性を担保できる存在でもある。だからこそ、政治権力が腐敗し暴走した時、官僚はそれを押しとどめる歯止めの役割を果たしうるのである。

古き良き政官関係

かつて、日本の政治は官僚がその実質を担っていた。そのため新大臣が就任挨拶で「ワタクシは素人でありますから、これから十分勉強いたしまして……」と言っても、さほど問題視されなかった。各省庁の主は官僚であり、大臣はお客さんだった。せいぜい1年程度で交代する大臣は、「お迎え」し、「お見送り」する対象だった。閣議の前日に開かれる事務次官会議が、政府の実質的な意思決定機関だった。そうした「官僚主導」は、私が国家公務員になった1970年代には当たり前のことだった。

「あの頃は良かった」と思っているのではない。民主主義社会において、国民や住民の代表者が政治の権限と責任を負うのは、当然のことだ。選挙で選ばれた政治家が権力を握るべきであって、試験で選ばれた官僚が握るべきではない。

しかし、政治家と官僚との間には、一定の緊張関係は必要である。最終的な「意思決定」は政治家が行うとしても、そこに至る「意思形成」において官僚が果たすべき役割は極めて重い。

全体の奉仕者として良い政策を立案できるのは自分たちだという自負を、官僚は持っている。しかし、自負と高慢は裏表の関係だ。官僚は政治家を内心で見下すようになる。一方政治家は、能力的に敵わないとなると、権力を笠に着て官僚を怒鳴りつけ押さえつけ、そうやって自分の意志を通そうとするようになる。これは望ましい緊張関係ではない。

私がかつて文部大臣秘書官としてお仕えした与謝野馨氏はこう言っていた。「政治家は官僚を恫喝してはいけない。官僚は政治家を馬鹿にしてはいけない」。1994年の自社さ（自由民主党・日本社会党・新党さきがけ）連立政権、村山富市内閣の時である。

与謝野文部大臣（当時）は、大概の仕事は役人任せにしていた。役人の人事には一切口出ししなかった。しかし、いざという時には重要な決断をした。長年にわたり文部省と対立してきた日教組との関係改善のために当時の横山英一委員長と何度も極秘会談を行った。1995年、阪神・淡路大震災の発災時には、あらゆる手段を講じて被災地への緊急支援を行うよう指示した。同年のオウム真理教事件の際には、宗教法人としての解散に向けて陣頭指揮をとった。また、宗教法人によるテロ事件の再発を防ぐための宗教法人法の改正に踏み切ったのも与謝野氏である。これらは政治家にしかできない決断だった。

政治家と官僚との良い形の緊張関係と協働関係が、あの頃はあったと思う。政治と行政、政治家と官僚の間には、そうした緊張関係と協働関係が必要だ。それらが成立して初めて真の政治主導も実現できる。そうした古き良き政官関係は、安倍政権から菅政権への9年近くの間に、完全に消失した。良い意味でも悪い意味でも、政治の動きに歯止めをかけていたのは官僚だったが、その歯止めが利かなくなった。そうして政治が暴走し、腐敗が進んだ。

官邸一強体制と官僚の下僕化・私兵化

人事を通じた菅氏の霞が関支配

安倍・菅政権の政治は「政治主導」ではなく「官邸主導」、さらに言えば「官邸支配」だと言ってもよいだろう。本当の政治主導において、国政の私物化は起こらない。国政の私物化がかくも常態化したのは、官邸支配が国政のすみずみまで及んでしまったからだ。その過程で官邸と官僚の関係は大きく変化した。良い方向にではなく、悪い方向に。

政府の公務員人事を一元的に管理する体制の構築については、2007年第1次安倍内閣の下で検討が始まっていた。2008年福田康夫内閣において、当時の野党・民主党の賛成も得て、国家公務員制度改革基本法が成立したが、この法律の中で「内閣官房長官は、政府全体を通ずる国家公務員の人事管理について、国民に説明する責任を負う（中略）ものとすること」とされ、そのために内閣官房に内閣人事局を置くものとされた。

その後紆余曲折を経て、2014年安倍政権において内閣法が改正され、同年5月内閣官房に内閣人事局が設置された。この法改正にも当時の野党・民主党は賛成した。各府省の部長・審議官級以上の700近いポストの人事は、内閣人事局が一元管理し、最終的に首相、官房長官、各省大臣が行う任免協議で人事を決定することとされた。官邸主導による各省幹部人事が、この内閣人事局の設置を機に強まったことは間違いない。

しかし、官僚の人事に官邸が関与する仕組みは、それ以前から存在した。局長以上の幹部人事は、戦後間もない頃から閣議了解を要する案件とされていたし、1997年には閣議了解の事前審査を行う場として官房長官と副長官からなる「閣議人事検討会議」が設けられていた。歴代の官房長官は、その気になれば、こうした仕組みを使って各省の官僚人事に口を出すこともできたはずである。

内閣人事局の設置後も、各省の官僚の人事権そのものは依然として各省大臣にある。官房長官はあくまでも協議を受ける立場なのだ。しかしこの「協議」がくせ者なのだ。協議が整わなければ閣議にかけられないし、人事の発令もできない。官房長官が「うん」と言わなければ、人事が進められないのだ。つまり官房長官は人事権そのものを持ってはいないのだが、個々の人事に対する事実上の拒否権を持っていることになる。拒否権が頻繁に行使されると、本来、各省大臣にあるはずの人事権が官房長官に移ってしまうという現象が生じる。

私が文部科学審議官及び文部科学事務次官の職にあった時、大臣の了解を得た人事案を官邸に持ち込んで拒否されたことがあったし、官邸から「この人物をこのポストに据えろ」と指示されたこともある。私が直接やりとりをしたのは官房副長官の杉田和博氏だったが、杉田氏は当然菅官房長官（当時）の意向の下で、そうした指示を出していたのである。

確かに、内閣人事局という法律上の組織を配下に持つことになったことは、官房長官の立場を強くしたといえるだろう。しかし、その官房長官が菅義偉という人物でなかったならば（例えば与謝野馨のような人であったならば）、今日見るように官邸が官僚人事を支配することはなかったであろう。日本の政治と行政にとって不幸だったのは、人事で役人を操縦することを身上とする菅義偉という人物がそこに居続けたことである。

霞が関は「何でも官邸団」

「権力」について尋ねる記者に、「重みと思うか、快感と思えるか」とボソッと語った。菅氏が首相就任後の2020年10月2日、菅官房長官番だった政治部記者の秋山信一氏が書いた毎日新聞「記者の目」という記事にある菅氏の言葉だ。菅氏がこの言葉を発したのは2019年11月だという。

菅氏は自著『政治家の覚悟』（文春新書）の中で、官僚人事についてこう書いている。

「官僚というのは前例のない事柄を、初めはなんとかして思い留まらせようとしますが、面白いもので、それでもやらざるを得ないとなると、今度は一転して推進のための強力な味方になります」。これはふるさと納税制度を導入した時の話。

「人事権は大臣に与えられた大きな権限です。どういう人物をどういう役職に就けるか。人事によって、大臣の考えや目指す方針が組織の内外にメッセージとして伝わります。効果的に使えば、組織を引き締めて一体感を高めることができます。とりわけ官僚は『人事』に敏感で、そこから大臣の意思を鋭く察知します」。これはＮＨＫ改革に懐疑的な発言をした担当課長を交代させた時の話。

「私は、人事を重視する官僚の習性に着目し、慣例をあえて破り、周囲から認められる人物を抜擢しました。人事は、官僚のやる気を引き出すための効果的なメッセージを省内に発する重要な手段となるのです」。これは総務省のノンキャリアを地方の局長に抜擢した時の話。

「政治が決断したことに、たとえ霞が関が反対意見を持っていようと、動いてもらわなければならない。

そのために、内閣は人事権を持っています。政権で決めた政策の方向性について従ってもらう一方、その責任は役人ではなく内閣が負う。

内閣法制局長官や事務次官の人事については、強引だとの批判もありましたが、政権の方向性に合う人をきわめて客観的に選ぶという方針ですから明快そのものです。もともと内閣は人事権を持っていましたが、長年それを使って来なかったために、官僚たちの抵抗は避けられません。それを越えて内閣が人事を主導するには、彼らがうなずける理由が大切になってくる。内閣として明確な方針を出し、その方針に基づいて人物本位で決めていけば、納得するしかないだろうというのが安倍政権の考えです」。これは官房長官として人事権を振るったことについての話。

2020年9月11日、自民党のユーチューブ番組「Ｃａｆｅ Ｓｔａ」で、菅氏はこんな発言もしている。「最初は官僚の人ちゅうか、役所は抵抗するんですよね。しかしこう、ある程度諦めてしまうと、今度は協力体制になる」

2014年5月、内閣人事局の初代局長になったのは政務の内閣官房副長官だった加藤勝信氏だった。事務の内閣官房副長官の杉田和博氏が内定していたが、内閣官房長官だった菅氏の意向により政治主導の人事を進めるため、直前に差し替えられたといわれる。二代目は萩生田光一副長官が務めたが、2017年8月、杉田氏が三代目の局長に就任した。元の鞘に収まったということだが、霞が関を引き締めるためにはやはり官僚機構をよく知る事務の副長官にやらせる方がよいと、菅氏は考えたのだと思われる。当時、森友学園問題と加計学園問題に対する野党の追及が最高潮に達し、内閣への不支持率が支持率を上回るという状況があった。モリカケ問題を乗り越えるためにも、これ以上霞が関から造反者が出ないようにする必要があったのだろう。

しかし、杉田氏は正式に内閣人事局長になる前から、実質的に菅氏の人事を支えていた。杉田氏の内閣人事局長就任以前から、各省事務次官は幹部人事の案件をまず杉田氏のところへ持って行っていた。それらの人事案件を官房長官に上げるのは杉田氏だった。加藤氏や萩生田氏は内閣人事局長ではあったが、官僚人事への実質的な関与はしておらず、ほとんどの場合事後報告を受けるだけだった。つまり、就任以前から杉田氏は事実上の内閣人事局長だったのであり、2017年8月に「名実ともに」局長になったのである。

杉田氏の配下には、内閣人事局のほかに内閣情報調査室（内調）もある。内閣情報調査室は警察庁警備局を中心とする公安警察とつながっている。杉田氏は警察庁警備局長や内閣情報調査室長（のち内閣情報官）を歴任している。内調も公安も自分の庭のようなものだ。内調が具体的にどのような仕事をしているのかは謎だが、様々な「情報」を「調査」する中には、政治家や官僚を対象とした行動調査もあるのだろう。私自身、新宿の「出会い系バー」でシングルマザーやヤングケアラーなどの女性の話を聴いていたが、こうした個人的な行動を杉田氏から指摘され、注意を受けたことがあるのは前述したとおりだ。私が文部科学事務次官だった２０１６年の秋ごろのことだ。「君は立場上こういう店には出入りしない方がいい」とご注意を受けた。杉田氏が私のこのような個人的な行動を知っていたことに驚いたが、その際に「君の前の人にもこういうことがあった」と言われたのを覚えている。その「前の人」が具体的に誰のことなのかは分からなかったが、杉田氏は官僚に対する「行動調査」を広範に行っていたのかも知れない。

官房長官の菅氏と副長官の杉田氏のコンビは、内閣が有する人事権をフル活用して、霞が関の官僚集団を支配してきた。事務次官や局長の在任期間は長くても2年程度だから、安倍政権と菅政権の9年近くの間に各省庁の幹部ポストは、4回以上は交代していることになる。その都度、官邸の言いなりになる人物ばかりを登用してきたわけだから、今や霞が関は何でも官邸の言うことを聞く官僚ばかりになっている。霞が関官僚集団は「何でも官邸団」になったのだ。「ご無理ごもっとも」「無理が通れば道理が引っ込む」という状態だ。

「権力」とは、結局他者を意のままに動かす力のことだが、その権力の源泉になるのは、人事権だけでなく情報（例えばスキャンダルを握って脅すこと）や金もある。金の方は、菅氏が官房長官在任中に官房機密費を86億8千万円使ったという。菅氏はこれだけの金を、誰に何をさせる（あるいは、させない）ために使ったのだろう。それは完全に闇の中だ。

菅人事の失敗例

かく言う私自身も、2016年6月第2次安倍政権の下で文部科学省の事務次官に任命されたわけだが、この人事は菅氏に取り立ててもらったというものではない。私はすでに事務次官昇任への待機ポストである文部科学審議官になっていたので、特に不自然な人事ではなかった。しかし、私の事務次官就任人事は官邸から見れば明らかな失敗だった。私の「本性」を知っていたら、安倍氏も菅氏も決して私を事務次官にしようとは思わなかっただろう。人物のチェックが不十分だったわけだ。なぜなら、私は安保法制反対のデモに参加していたからだ。

2014年7月に安倍政権が憲法上、集団的自衛権の行使が容認されるという閣議決定を行った時から、私は日本を戦争ができる国にする安倍政権の姿勢に強い危惧の念を抱いていた。この閣議決定自体が憲法違反だったと言うべきである。この考え方に基づいて立案された安全保障関連法は、集団的自衛権の行使を認める限りにおいて、違憲立法だったと言うほかない。一個人、一国民として、私はこの法案は憲法違反であり、許すことはできないと考えていた。

2015年9月18日の夜、この安全保障関連法案が参議院本会議に上程され、未明に可決成立する前夜、私はこの夜がこの法案への反対の意思を声にする最後の機会だと思い、文部科学省での仕事の後、歩いて10分ほどの国会正門前まで行き、デモに参加した。SEALDs（シールズ）の若者たちが抗議行動を行っている後ろの方へ行って、彼らと一緒に抗議の声を挙げた。「憲法守れ！」「安倍は辞めろ！」「集団的自衛権は要らない！」。彼らのラップのリズムに合わせて、私も声を出していたのだ。ちなみに、このラップのリズムに私は、当初なかなか声を合わせることができなかった。しかし、しばらく試みているうちに私もそのリズムを習得することができた。この夜は雨が降っていたので、私は傘をさしてデモに参加していた。それもあってか、文部科学審議官の私がこのデモに参加していたことは、内閣情報調査室にも公安警察にも知られるところとはならなかったようだ。もし、そのような報告が官邸に届いていたなら、私は決して翌年の人事で事務次官になることはなかっただろう。

しかし、私は安保関連法反対のデモに参加したことを、文部科学省の後輩たちには話していた。安倍政権下の国家公務員である前に、自由な一個人であり、主権者たる一国民であることを後輩たちに忘れないでほしいと思っていたからだ。国家公務員法には違法な政治活動に対する刑事罰まで規定されている。しかし、デモに参加することは禁じられていない。私は若い人たちに萎縮してほしくなかったのだ。そうやって省内ではデモに参加したことを話していたから、私の事務次官就任後に何らかの経路をたどって、そのことが官邸の耳に入った可能性はあると思う。もし、私が官邸から「要注意人物」としてマークされるようになったのだとしたら、それが理由なのかも知れない。

私は2017年1月20日に、文部科学省内で退職者の再就職に関する違法な斡旋が行われていたことの責任をとって事務次官を辞任した。この1月20日は、国家戦略特区諮問会議（議長・安倍晋三首相〈当時〉）が加計学園の獣医学部新設を認める決定をした日でもある。これはただの偶然なのだが、人によっては、私が加計学園の獣医学部新設に反対したために菅氏の謀略により「嵌《は》められた」と思っている人がいるようだ。しかし、それは事実ではない。私が文部科学省内の違法再就職斡旋の事実を知ったのは2016年の11月下旬だが、これは純粋に文部科学省内部で起きた違法行為だったし、私が引責辞任したのも純粋に私自身の決断によるものだった。

いずれにせよ、私が事務次官になったのも、私が事務次官を辞めたのも、菅氏の意向によるものではなかった。むしろ「菅人事」の網をかいくぐった人事だったといえる。菅氏にしてみれば痛恨の大失敗例だろう。

事務次官になれなかったはずの文部官僚

ただ、私のような「不届き」な事務次官がいたために、文部科学省の人事への締め付けは、私の退官後、非常に厳しくなった。事務次官人事にも官邸の介入の跡が見られる。2021年7月現在、文部科学事務次官は文部省への入省年次で私より3年後輩（1982年入省）の藤原誠君だが、2018年10月に事務次官に就任したから、もう在任期間が3年近くになる。彼は本来次官になるとは考えられていなかった。いわゆる「次官レース」からは外れたと考えられていた人物だった。彼がなぜ事務次官になれたのか、その訳をこれから説明しよう。

事務次官が行う最後の仕事は自分の後任を決めることだ。もちろん退任する事務次官の一存で決められるわけではない。任命権者は大臣だし、内閣人事局を通じて官房長官の了解も必要だ。しかし、事務次官人事の原案は先任の事務次官が考える。ただし、文部科学省のように2001年の省庁再編で複数の省庁が統合されてできた省の場合は、少し事情が違っている。文部科学省の事務次官は、旧文部省出身者と旧科学技術庁出身者が交替で就任するのがほぼ慣例になっている。いわゆる「たすき掛け人事」と呼ばれるものだ。その場合、辞める次官は後任の次官に対し、その次の次官候補補者名を内々に伝えることになる。事実、私は私の前任者だった科学技術庁出身事務次官の指名どおりに私の後任を選んだ。そして2017年1月に私の後任になった科学技術庁出身の戸谷《とだに》一夫事務次官には、彼の次の次官となるべき人物の名前を告げてあった。それは藤原君ではなく、当時文部科学審議官だった小松親次郎君（1981年入省）だった。小松君が事務次官になるべき人物であることは、私だけでなく諸先輩や省内の職員たちも含め、衆目の一致するところだったと言ってよい。ではなぜ本命候補の小松君ではなく藤原君が事務次官になったのか。

ことは2017年1月に公になった文部科学省内での違法再就職斡旋問題にさかのぼる。この事件は違法事案が62件と極めて広範囲に及んだ結果、処分者も37人という多数にのぼった。文部科学省の幹部職員の間に遵法精神が不足していたことはもちろんだが、それ以上に違法性の認識が欠落していたためである。関係者の処分はまず1月20日に行われ、さらに調査を行った上で追加の処分が3月30日に行われた。私自身は1月20日付けで減給の処分を受けた上で引責辞任したが、3月には停職相当に引き上げられた。この時、小松君はすでに文部科学審議官だったが、省内調査の指揮を執ると同時に、自身も最終的に戒告の懲戒処分を受けた。一方、藤原君はこの時初等中等教育局長だったが、複数の具体的な斡旋事例に関与したとされ、最終的に減給の処分を受けた。

懲戒処分を受けるとその重さに応じて昇任人事に期間の制限がかかる。「人事院規則8

―12（職員の任免）第25条第2号ハ及び第3号ハ」に基づく人事院の定めにより、停職処分を受けた者は2年、減給処分を受けた者は1年6カ月、戒告処分を受けた者は1年の期間昇任させることができないことになっている。戒告の小松君は２０１８年３月30日まで、減給の藤原君は２０１８年９月30日まで、それぞれ昇任できないことになったわけである。藤原君は２０１７年度中に60歳になることになっていた。局長級職員の定年は60歳の年度末だから、彼は２０１８年３月31日をもって定年を迎えることになる。それまで昇任はできないことになり、この減給処分を受けた時点で彼が事務次官に昇任する可能性は事実上断たれたわけである。

ところが、ここから藤原君の「政治力」を駆使した巻き返しが始まったのだ。藤原君は菅官房長官（当時）の懐刀と言われる和泉洋人首相補佐官とは極めて近い関係にあった。おそらく彼が官房長だった時期（２０１５年8月～２０１６年6月）に、国立競技場整備計画の白紙撤回後の新たな整備計画の策定作業などを通じて、和泉氏との関係を深めたのだと思う。藤原君が自身の人事を巻き返すために、和泉氏の力を借りたことは間違いない。

異例の勤務延長を繰り返す異常な人事

異変は２０１７年夏の人事から始まった。局長級の職員は定年を迎える年度の夏の人事で勇退する場合が多い。定年は年度末（3月31日）だが、年度末は必ず通常国会の真っ最中であり、国会答弁などの責任を負う局長級職員がそんな時期に交代するわけにはいかないからである。夏に勇退しない場合でも、通常国会が開会する1月までには辞めることになる。藤原君の場合、２０１７年夏の人事で局長を最後に勇退するのが自然な流れだった。ところが彼は定年まで9カ月を切った２０１７年夏の人事で官房長に異動したのだ。彼は２０１６年の6月まで官房長だったから、これは「異例の出戻り人事」だった。「これは何かおかしい」「この人事には何か裏がある」と私は思ったし、同じように感じた文部科学省関係者は多かったと思う。加計学園問題が国会やメディアで盛んに取りあげられていた時期だから、官邸の意向を感じ取った人は多かったろう。しかし、まさか彼が事務次官の座を狙っているとは周囲の誰も思わなかっただろう。

この人事は加計学園問題処理のためのワンポイントリリーフのようなものではないかと私は思っていた。藤原君は２０１８年1月には退職するだろうと思っていたのだ。ところが彼は官房長に在職したまま通常国会に突入した。一体どうするつもりかと見ていたら、定年間際の3月、彼はまさかと思った勤務延長を受けたのだ。勤務延長は例外的に定年後も勤務することを認める制度で、一般には「定年延長」という言葉が使われることが多い。官房長での勤務延長は、おそらく後にも先にもこの一例しかないだろう。異例を通り越して異常な人事だった。

国家公務員法第81条の3は「その職員の職務の特殊性又はその職員の職務の遂行上の特別の事情からみてその退職により公務の運営に著しい支障が生ずると認められる十分な理由があるとき」に1年以内で勤務延長をすることができるとしている。人事院の承認があればさらに1年ずつ、退職日から最長3年まで延長することができる。

人事院規則11－8第7条は、勤務延長ができる場合をさらに次の三つの場合に絞っている（条文の趣旨を分かりやすく書き直した）。

①名人芸的技能を要するなどの理由で後任が見つからない場合
②離島勤務など勤務条件の特殊性のため欠員が補充できない場合
③大型研究プロジェクトなど担当者が交替すると業務の継続的遂行に重大な障害が生ずる場合

つまり、勤務延長が認められるのは「今、この職に、この人物が不可欠だ」という極めて限定的な場合なのだ。しかし、実際には人事院規則は極めて緩く解釈されており、恣意的な勤務延長が常態化している。安倍・菅政権によって濫用され、政権にとって都合の良い官僚を重用するために使われている。それにしても、大臣官房長の勤務延長は極めて異例であり、脱法行為と言ってもいいと思う。

藤原君の官房長での勤務延長には首をかしげた。ひょっとすると官邸が彼を事務次官にしようとしているのかも知れないと不安もよぎったが、それでもまさか小松君の事務次官への昇任が揺らぐことはないだろうと思っていた。しかし、その不安の方が当たってしまった。

その後、文部科学省では再び不祥事が起きた。多くの幹部職員が過剰接待を受けていたことが発覚し、局長級職員二人が収賄罪で捕まった。戸谷事務次官はその責任をとる形で、9月21日付けで辞職した。ところがこの時点で事務次官交替人事が行われず、官房長の藤原君が事務次官代理を命じられた。これも異常な人事だった。誰もが後任事務次官にふさわしいと考える小松文部科学審議官がいたのだから、小松君が即座に事務次官になればよかったのだ。

戸谷事務次官の辞職から3週間あまり経った10月16日付けで、まさかと思った藤原君が事務次官に昇任し、同時に小松君は勇退させられた。ではなぜ藤原君は9月21日付けで事務次官にならず、いったん「事務次官代理」を命じられるという人事が行われたのか。それは彼が２０１７年3月30日に受けた減給処分のため、２０１８年9月30日まで昇任できなかったからだ。

あとから考えれば、藤原君の官房長での勤務延長は、事務次官になるための昇任禁止期間の要件を満たすために行われたということが分かる。しかし、勤務延長後に昇任人事を行うことは、人事院規則に違反している疑いが濃い。勤務延長は「今、この職に、この人物が不可欠だ」という場合に限って定年の例外を認めるという制度だからだ。人事院自身も「勤務延長後、当該職員を原則として他の官職に異動させることができない」と説明している。この程度の違法性など全く問題にならないのが、安倍・菅政権であるが……。

こうして藤原君は、官邸の力を借り、裏技に裏技を重ねて、奇跡に近い事務次官就任という目的を果たしたのである。事務次官の定年は62歳になる年の年度末だから、藤原事務次官の定年は２０２０年３月末に来たのだが、彼は事務次官の定年も延長してもらった。勤務延長は１年以内に限られているので、２０２１年３月末に延長の期限が来たが、彼はもう１度勤務延長をしてもらっている。勤務延長を３回もやってもらった官僚はおそらく彼しかいないだろう。いかに官邸が彼を「評価」しているかが分かるというものだ。２０２１年７月の人事でも彼は退官しなかった。いったいいつまでやるのだろう。

このように勤務延長という仕組みを使って、官邸のお眼鏡にかなった人物を重要なポストに据え置くという人事は、安倍・菅政権下では、文部科学省以外のどこの役所でも行われてきた。同じ手法を検察庁にも適用しようとして失敗したのが黒川弘務氏を東京高等検察庁（以下、「東京高検」）検事長で定年延長し、その後検事総長に据えようとする人事だったのだ。

気に入らない官僚は排除

一方、菅首相は官房長官の頃から、自分の気に入らない官僚は排除してきた。広く知られているのは、総務省の事務次官候補だった平嶋彰英氏の左遷人事だ。

ふるさと納税制度は菅氏が総務大臣だった時に導入したもので、菅氏は「これはとてもいい制度だ」と思い込んでいるようだが、住民税の納税額が多い高所得者ほど得をする逆進性があり、都市部の自治体の税収を激減させ地方財政をひどく歪めている。平嶋氏は自治税務局長だった時、菅官房長官にふるさと納税制度の問題点を指摘し、その拡大に反対したため、自治大学校長に左遷された。

ジャーナリストの青木理氏が各界の論客たちと日本のあるべき姿について語り合った対談集『時代の異端者たち』（２０２１年2月／河出書房新社）に収められた平嶋氏との対談は感動的だ。その中で平嶋氏は、ふるさと納税制度をめぐって彼に降りかかった「菅人事」の経緯を赤裸々に話している。平嶋氏はふるさと納税制度について「本質的にこの制度は極めて不平等で、不健全なのです」「税や寄付の原則論から言ってもおかしな制度であって、住民税の基本的なありようを破壊することになりかねません」「こんな制度を無闇に拡充すれば、比較的裕福な人びとほど『使わないと損』というカタログショッピング化するのは当初から明らかでした。そして実際にそうなってしまった」と評している。

ふるさと納税制度の拡充を求める菅官房長官に対し、平嶋局長は制度の問題点を説明し、高額返礼品を禁止するなど高所得者が有利にならないようにする案を示したが、全てはねつけられたという。彼は菅氏に問題点を分かってもらおうと、『100%得をする ふるさと納税生活』（扶桑社）というタイトルの本をコピーして菅氏に届けた。その帯には「我が家の食費は年間ゼロ円」「税金がA5ランクの肉や松葉ガニに化ける!」などという言葉が並んでいた。後日菅氏の部下から「平嶋に返してこい」と言われたと告げられ、その資料は戻ってきたそうだ。

平嶋氏が菅氏から睨まれた案件は、ふるさと納税だけではなかった。平嶋氏が、商業地の固定資産税について憲法第14条違反の疑いのある特例の廃止に向けて自民党税制調査会で検討してもらおうと動いたところ、菅氏に近い和泉首相補佐官から待ったがかかった。バックには業界団体の存在があった。税制調査会の動きが新聞で報じられると、菅氏が「俺がダメだと言っていることを新聞まで使ってやろうとするのか」と激怒しているという話が和泉氏から平嶋氏に伝わってきた。総務省の事務次官には菅氏から直接電話があって猛烈に怒られたという。

このような経緯から、菅氏は総務省の平嶋氏の人事に介入した。2015年夏の人事の前に、平嶋氏は高市早苗総務大臣（当時）から「あなた、菅ちゃんと何かあったの？」「あなただけはダメだって菅ちゃんが言うのよ」と言われたという。そして彼は自治大学校長に左遷されたというわけだ。平嶋氏に本来予定されていた異動先は自治財政局長だったろう。そして、順調に行けば2017年夏の人事で総務事務次官に就任していた可能性が極めて高い。

乗り越えられなかった「菅義偉」という壁

平嶋氏は、青木理氏との対談の中で、「率直に言って菅さんほどひどい方はいませんでした」「とにかく乱暴なことばかり言って、乱暴なことでも言い出したら聞かなくて、気に入らないと人事権を振るう」「とにかく権力への執着心がものすごく強い人」「権力は実際に行使し、見せつけた方が権力基盤が固まると考えてらっしゃるのではないか」と語っている。

さらに平嶋氏は自らの行動について「私は、官房長官にクビにしてもらえるなんて名誉なことじゃないかと公言していました」「国民に迷惑をかけてしまうような結果になれば、自分が死ぬ時にものすごく後悔する。それだけは嫌だと私は思いました」と語っている。そして、官僚の後輩に向けては「いずれ歴史の法廷に立って裁かれることを常に考え、自分の心に従い、（中略）それに恥じないような行動をとってほしい」と語った。対談相手の青木氏はそこに「できる限りの抵抗は試みたことへのひそやかな自負」を見ている。

平嶋氏は全体の奉仕者たる官僚として、なすべき仕事を誠実になそうとし、そのために「菅義偉」という壁も何とか乗り越えようとした。しかし、それが菅氏の逆鱗に触れ、挫折し、失脚した。私は平嶋氏に心底からの尊敬の念を覚える。

官僚として当然の進言をしたのに、それを理由に左遷される。これでは、菅氏にまっとうな意見を言う官僚はいなくなる。結果菅首相は「裸の王様」になってしまったのだ。

菅氏の不興を買ったために「飛ばされた」人事は枚挙にいとまがない。菅氏自身が総務大臣時代に意に反する言動のあったＮＨＫ担当課長を更迭したと自著『政治家の覚悟』の中に書いている。総務省の元幹部によれば、この時菅氏は「課長を飛ばしたよ、飛ばしてやったよ」と興奮を隠せない様子で言ったという（２０２１年１月23日付朝日新聞）。

２０１７年７月に国土交通省の鉄道局長が自動車局長に異動した人事も、菅官房長官（当時）の指示による降格人事だったと、２０２１年１月18日の朝日新聞が伝えている。同じ局長でも各省内には伝統的に形成された序列がある。文部科学省で言えば高等教育局長は事務次官候補者が就くポストであり、研究振興局長より格上だと見られているから、研究振興局長が高等教育局長に異動することはあっても、その逆の人事は通常生じない。鉄道局長と自動車局長の関係も同じようなものなのだろう。鉄道局長が菅氏の不興を買ったのは、インバウンド（訪日外国人客）の増加政策で外国人観光客用の鉄道乗車券をＪＲの駅でも売れるようにしろという菅氏の指示がなかなか進まなかったからだという。

文部科学省においても、２０１４年夏の人事で生涯学習政策局長を初等中等教育局長に異動させる人事案が菅氏によってひっくり返されたといわれている。菅氏から指示された案件の処理に手間取り、不興を買ったのがその理由だとされる。この人物は局長職から外されていったん官房付になり、その後国立大学法人の理事に転出した。

「毒饅頭」を食べた財務官僚たち

法務省の黒川氏、文部科学省の藤原君に限らず、安倍・菅政権は官邸の言うことを何でも聞く官僚を重用した。森友学園問題で１０８回も虚偽答弁を繰り返し、公文書の改竄まで行った佐川宣寿財務省理財局長が国税庁長官に出世できたのは、そうやって安倍首相（当時）を守り切ったことへの褒賞だといえる。佐川氏の後任で、同じく7回の虚偽答弁をした太田充理財局長（当時）も、その後主計局長から事務次官へと登り詰めた。

さらに菅氏は、各省庁から官邸に出向して自身の秘書官を務め気心の知れた官僚を、その出身省庁に戻った後も出世させるという人事を行ってきた。２０２１年７月の人事で太田氏の後任の財務事務次官になった矢野康治氏は、２０１２年12月の第２次安倍内閣発足時に菅官房長官（当時）の秘書官になり、２年半菅氏に直接仕えた。同期に可部哲生氏、藤井健志氏といった有力な事務次官候補がいる中で、矢野氏が官房長、主税局長、主計局長という事務次官コースに乗った背景には、菅氏の意向があると考えざるを得ない。見方を変えれば、矢野氏が財務官僚のトップに立つということは、菅官邸と財務省との蜜月時代の到来だともいえる。安倍政権下では経産官僚の風下に立たざるを得なかった財務官僚が、主導権を奪い返すチャンスが来たのだ。

さらに、２０２１年１月に菅首相は首席秘書官（政務秘書官）を菅事務所出身の新田章文氏から、財務省出身で２０１５年６月から２０１８年７月まで官房長官だった菅氏の秘書官を務めた寺岡光博氏に替えた。このポストは安倍政権では経産省出身の今井尚哉氏が就いていたポストであり、政権運営全般にわたって首相を補佐する立場だ。この人事にも財務省の復権がうかがえる。なお、菅首相は２０２１年７月、首相秘書官の人数を７人から８人に増やす政令改正を行った上で、新田氏を秘書官に再起用した。

2017年の森友学園問題の渦中にあって、菅官房長官（当時）の秘書官だった寺岡氏は、官邸と財務省とのパイプ役となっていた。森友学園への国有地売却で安倍首相（当時）が「私や妻が関係していたら、総理大臣も国会議員も辞める」と国会の場で発言したのが2017年の2月17日。佐川理財局長（当時）の指示により決裁文書の改竄が始まったのが2月26日の日曜日、自殺した近畿財務局職員（当時）の赤木俊夫さんが上司に呼び出された日だ。17日から26日までの間に官邸と財務省の間で一体何があったのか。

2018年6月4日に財務省が国会に提出した報告書によれば、2月22日に菅官房長官の下に関係者が集まって相談したことが分かっている。集まったのは財務省の佐川理財局長（当時）、太田総括審議官（前事務次官）、中村稔理財局総務課長（当時）、国土交通省の蝦名邦晴航空局長（当時）らである。もちろんそこには官房長官秘書官だった寺岡氏も出席していた。佐川氏らは当然その前に、近畿財務局が作成した国有地売却の決裁文書を精査していただろう。あらゆる情報を集めてからでなければ、官房長官のところへ報告や相談に行けるはずがない。そして、決裁文書に安倍昭恵氏の名前が書かれていることは、そのとき佐川局長らが間違いなく菅官房長官に説明したはずだ。それが一番肝腎な部分だからだ。「決裁文書を改竄する」という方針はこの時に決まったのだろう。そうでなければその2日後の2月24日、菅官房長官が記者会見で「決裁文書は30年間保存している。そこにほとんどの部分が書かれているんじゃないでしょうか」と大見得を切るはずがない。

この2月22日に安倍昭恵氏の名前が記載された決裁文書の存在が報告されていたのではないかと国会で問われた矢野官房長（当時）は、2月22日の官房長官への説明に際して、理財局は決裁文書に政治家の名前があることを把握していなかったと答弁している（2018年6月5日参議院財政金融委員会での共産党辰巳孝太郎氏の質問に対する答弁）が、そんな迂闊《うかつ》なことを佐川氏ら緻密な財務官僚がするはずがない。矢野氏の答弁自体が虚偽答弁だと考えざるを得ない。要するに、矢野氏も寺岡氏も、菅氏、佐川氏、太田氏らとともに、決裁文書改竄という「毒饅頭」を一緒に食べた一味なのだ。

「逮捕するな」と命じた警察官僚の出世

菅氏子飼いの官僚は警察庁でも順調な出世を遂げている。2021年7月現在、警察庁次長の地位にある中村格《いたる》氏もその一人だ。次の幹部人事で警察庁長官への昇任が確実視されている。彼もまた、第2次安倍内閣発足当初から2015年3月まで2年あまり菅官房長官の秘書官を務めた。

中村氏が「有名」になったのは、官房長官秘書官から転任した警視庁刑事部長に在任中の2015年6月、ジャーナリストの伊藤詩織さんに対する準強姦罪の容疑で逮捕状が出ていた山口敬之氏の逮捕の中止を命じたという事件がきっかけだ。この事件は、安倍首相（当時）の「お友達」である山口氏を、警察は逮捕せず、検察は起訴せず、検察審査会は不起訴相当という結論で終わったため、刑事事件にはならなかった。しかし、伊藤さんが山口氏に対して起こした民事訴訟では、２０１９年12月の東京地裁判決で山口氏の不法行為が認定され、山口氏は３３０万円の損害賠償を命じられている。

この事件をいち早く報じた「週刊新潮」によれば、同誌が送った取材のメールに対して山口氏が誤って次のようなメールを返信してきたという。「北村さま、週刊新潮より質問状が来ました。伊藤の件です。取り急ぎ転送します」。山口氏は「北村さま」に転送するべきメールを、誤って「週刊新潮」に返信してしまったわけだが、問題はこの「北村さま」が誰かということだ。それは当時日本のＣＩＡ長官といわれる内閣情報官だった警察官僚北村滋氏だと思われる。山口氏から相談された北村氏が警察の後輩であり官邸でともに安倍・菅政権を支えた中村氏に逮捕令状の執行停止を求めたのだろう。北村氏はそれを首相だった安倍氏や官房長官だった菅氏に無断でやったのだろうか。私にはそうは思えない。明らかに法を曲げる行為であるから、官僚の一存でできるとは思えない。安倍氏や菅氏の「政治判断」を求めたのではないだろうか。そこはまさに「Ｂｌａｃｋ　Ｂｏｘ」だ。

中村氏自身は「週刊新潮」に対し、山口氏の逮捕取りやめは「私が決裁した」「自分として判断した」と答えている。慎重な官僚であれば「個別の事件については答えられない」と対応するのが普通だろう。ところが中村氏は進んで自分の判断だと答えた。私はそこに意図的なものがあると感じる。彼は「官邸の指示はなかった」と印象づけようとしたのだろう。この人物は「毒饅頭」を全部1人で食べた。責任を一身に背負うことにより、官邸が標的になることを防いだのだ。この振る舞いは菅氏からたいそう「評価」されたことだろう。

警察は検察と同じく、政権からの独立性と政治的中立性が厳しく求められる行政機関である。そのために警察法により国家公安委員会という独立行政委員会の管理の下に置かれている。しかし、上意下達の性質の強い警察において、政権の忠犬が警察庁長官になるならば、政権は警察を意のままに使うことができるだろう。権力者のお友達なら性犯罪も揉み消してもらえるのだとすれば、この国はもう法治国家とはいえない。

もし菅政権が長く続くようなことがあれば、各省庁の事務次官や長官はことごとく菅首相の側近官僚で占められていくだろう。出世を願う官僚は競って官邸のポストを得ようとするに違いない。

内閣法制局、検察庁、人事院にも広がる官邸支配

内閣法制局の「政治化」

行政府の中にあっても政権からの独立性を持っていなければならない機関は多い。「法の番人」といわれる内閣法制局、刑事司法を司る検察庁や警察庁、人事院、公正取引委員会、原子力規制委員会などの独立行政委員会などがそうだ。実は、文部科学省も教育・学術・文化という精神的自由に属する分野を対象とすることから、政治から一定の独立性が求められる行政機関である。しかし、本来政権から一定の独立性を持っていたはずの機関にも、官邸の支配は着実に及んできている。

2013年には、内閣法制局の長官人事で、次長からの内部登用という確立した慣例を破って、小松一郎氏という外交官を外部から長官に任命した。この異例の人事によって2014年、内閣法制局が長年維持してきた「集団的自衛権は憲法第9条のもとでは行使

できない」という見解を覆す法制局見解をまとめさせ、その見解に基づく閣議決定により「解釈改憲」を行った。あれ以来、内閣法制局はその独立性を完全に失った。

黒川弘務東京高検検事長の勤務延長への国家公務員法の適用にしても、日本学術会議の会員の任命を拒否した菅首相の任命権に関する日本学術会議法の解釈にしても、今や内閣法制局は、政権の都合のいい法解釈を捻《ひね》り出すところになっている。官邸が求めるのであれば「カラスは白い」という理屈すら平気ででっち上げる御用機関になり下がったのだ。

内閣法制局の「政治化」を見せつけた出来事が、2019年3月6日の参議院予算委員会での横畠裕介内閣法制局長官の答弁だった。立憲民主党の小西洋之議員が「国会議員の質問は、国会の内閣に対する監督機能の表れだ」という点の確認を求めた質問に対し「このような場で声を荒げて発言するようなことまで含むとは考えておりません」と皮肉を言ったのだ。野党理事が即座に抗議し、議場での理事間の協議の結果、横畠氏はこの発言を撤回し、謝罪した。彼はなぜこのような職分を逸脱した発言をしたのか。安倍首相(当時)や菅官房長官(当時)の歓心を買うためだ。「法の番人」にはほど遠い態度であった。

黒川弘務氏を重用した安倍・菅政権

菅人事で重用された官僚の筆頭株は、なんと言っても法務省の黒川弘務氏だろう。黒川氏が法務省の官房長になったのは2011年8月、民主党政権下だった。翌2012年12月の第2次安倍内閣成立後もその職にとどまり、2016年9月までその職にあった。官房長として5年を超える在任期間は異例の長さだ。

村山治著『安倍・菅政権 vs. 検察庁　暗闘のクロニクル』（文藝春秋）によれば、2016年9月の人事で、法務省の稲田伸夫事務次官（当時）は、仙台高等検察庁検事長に転出する自身の後任に刑事局長の林眞琴氏を据え、黒川官房長は検事長に転出させようとした。ゆくゆくは林氏を東京高検検事長、さらには検事総長として自分の後継者にするつもりだったろう。ところがこの人事に菅官房長官（当時）が異を唱え、黒川氏を事務次官にせよと迫った。その結果、黒川氏が1年事務次官を務めたのち林氏を事務次官にするということになったといわれているが、実際には黒川氏が2年以上事務次官を務め、林氏は事務次官にならずに名古屋高等検察庁検事長に転出した。

黒川氏の官房長と事務次官の在任期間は合わせて約7年半に及ぶ。安倍・菅政権と法務・検察の間の調整役として、彼がいかに重宝されていたかが分かる。黒川氏はその後、検事総長待機ポストともいわれる東京高検の検事長に転出する。これも安倍・菅政権による人事だ。

私はたまたま黒川氏とも林氏とも面識がある。各府省の官房長は月に1度「閑忙会」という会費制の懇親会を開いている。また各府省の事務次官は週に1度金曜日の昼に「事務次官等連絡会」との名目で総理官邸に集まり、官房副長官と一緒に昼食をとる。黒川氏と私は官房長と事務次官の在任時が重なっていたので、これら二つの会で定期的に顔を合わせていた。また、林氏も私も在フランス大使館で書記官としての勤務経験があり、1991年から1992年までの1年間、ちょうど勤務時期が重なっていた。帰国後も当時の大使を囲む会が年に1度開かれていたので、林氏とはそこで顔を合わせていた。また1998年から2000年にかけて、私は内閣官房に臨時に設置された「中央省庁等改革推進本部事務局」に出向して省庁再編の仕事に携わったが、その時、法務省の組織再編を担当した。その際の法務省側のカウンターパートだったのが林氏だった。黒川氏は明るく社交的な人柄で、どんな仕事でも如才なくこなしていく能吏タイプ、一方の林氏は沈着冷静な人柄で、理詰めで仕事を積み上げる理論家という印象を持っている。

よく知られているように、黒川氏は「官邸の守護神」「官邸の番犬」などと呼ばれ、官邸に近い人物に刑事責任が及ばないように画策してきたといわれている。確かに、自民党の甘利明衆議院議員は経済再生担当大臣在任中に大臣室などで建設会社から金銭を受け取り、都市再生機構（UR）に口利きをしたとされるが、その事件が斡旋利得罪や斡旋収賄罪として立件されなかったのは、腑に落ちない。先述したように、ジャーナリストの伊藤詩織さんに性的暴行を加えたことが民事裁判で事実認定された山口敬之氏に対し、検察は事情聴取したが起訴しなかった。甘利氏も山口氏も安倍晋三氏に極めて近い。政権に近い人物が起訴されなかったのは、黒川氏がパイプとなって検察が官邸の意向を汲んだ結果ではないのかという疑いは晴れない。

黒川氏は初めから安倍・菅政権にすり寄ったのではないと思う。官邸に重宝がられ何かにつけて調整役をさせられるうちに、官邸に取り込まれ、逃げられなくなったのではないかと推測する。何か個人的な弱みを握られていた可能性もあるかも知れない。

2020年1月31日に閣議決定された東京高検検事長としての勤務延長は、彼を検事総長にするための措置だったとしか考えられないが、それは検察官に適用できない国家公務員法の勤務延長の規定を「適用」したものだった。つまり、法律上できないことをしたわけであって、違法・無効な行為だったと言わざるを得ない。それくらいのことは、法務省で官房長や事務次官を務めた黒川氏には容易に分かることだ。法務省・検察庁の仲間内でもおそらく「この勤務延長はおかしい」「黒川は自ら身を引くべきだ」という声が出ていたことだろう。そうした声が黒川氏の耳に入らないはずはない。普通の良識を持った人間なら、勤務延長を辞退して辞任すると思う。では、この勤務延長を受けた黒川氏は普通の良識も持っていなかったのだろうか。黒川氏はどうしても検事総長になりたかったのだろうか。私には黒川氏がそのようになりふり構わず地位と権力を求める人物だとは思えない。彼には官邸との関係で、辞めるに辞められない何らかの事情があったのではないかと、私は思っている。

勤務延長をめぐる答弁の迷走と人事院の嘘

行政府の中にありつつも準司法的権能を持つ検察庁は、人事院以上に政権からの独立性の強い機関だ。安倍政権はその独立性を、人事への介入によって侵そうとした。しかも、検察官に適用できないはずの国家公務員法の勤務延長の規定を使うという法治国家にあるまじき方法でそれを行ったのだ。

２０２０年1月31日、政府は黒川弘務東京高検検事長の勤務延長を閣議決定した。森まさこ法務大臣は、２月３日の衆議院予算委員会で「国家公務員法の定年制の規定を適用した」と説明したが、２月10日の同委員会で山尾志桜里議員が、１９８１年の国家公務員法改正法の立法当時の政府答弁では、検察官に「今回の定年制は適用されない」とされていることを指摘。森法務大臣は「今ご指摘いただいたことについては承知しておりません」と答弁した。

一方、２月12日の同委員会で後藤祐一議員の質問に対し、人事院の松尾恵美子給与局長は「国家公務員法に定年制を導入した際は、検察官については、国家公務員法の勤務延長を含む定年制は検察庁法により適用除外されていると理解していた」と答弁。さらに「現在もその解釈に変わりないか」との問いに対し「現在までも、特にそれについて議論はございませんでしたので、同じ解釈を引き継いでいるところでございます」と答弁した。つまり松尾給与局長は、１９８１年当時の解釈に変更はなく、国家公務員法の定年制は検察官に適用されないと説明したのである。ならば、黒川氏の勤務延長はできなかったことになる。

するとその翌日2月13日の衆議院本会議で安倍首相（当時）は「今般、検察庁法に定められている特例以外については、一般法たる国家公務員法が適用されるという関係にあり、検察官の勤務延長については、国家公務員法の規定が適用されると解釈することとしたところであります」と答弁。解釈変更があったという説明に突然転じたのである。

2月19日の衆議院予算委員会で森法務大臣は、階猛《しなたけし》議員から「なぜ重要な解釈変更を説明しなかったのか」と問われて、「解釈変更について問われていない（から）」と答えた。

同日の同委員会で、人事院の松尾給与局長は、法解釈に変更はないとした前の答弁を翻し、「国家公務員法の勤務延長規定が検察官に適用されないとしてきた法解釈を1月中に変更した」と答弁を修正した。以前の答弁は「不正確だった。撤回する」と述べ、山尾志桜里議員から間違えた理由を問われると「つい言い間違えた」と答えた。

2月21日、衆議院予算委員会理事会に法務省が、検察官の勤務延長を可能とする法解釈変更に関する人事院との「協議文書」を提出した。法務省が「検察官にも勤務延長制度の適用があると解される」との見解を人事院に示したという文書には「法務省令和2年1月22日人事院へ交付」と書き足され、人事院が法務省に「異論はない」と回答したという文書には「法務省令和2年1月24日受領」と書き足されていた。

この「協議文書」について、人事院の一宮なほみ総裁は、2月26日の衆議院予算委員会で自民党谷公一議員の質問に答えて、辻裕教法務事務次官と森永耕造人事院事務総長との間で1月22日から24日までの間に直接やりとりされたものだと説明した。文書自体に日付がないことを問題視する野党側に対し、一宮氏は「直接文書を渡しており、記載する必要はなかった」と反論した。

こうした国会での質疑の経緯をたどると、法務省は人事院と協議することなく黒川氏に国家公務員法の勤務延長規定を適用したことが推認される。ところが立法当時の解釈と異なることを指摘されたため、解釈の変更について事前に人事院と協議していたというストーリーを作り、「協議文書」もあとからつくったのだと思われる。この作業は、安倍首相（当時）が国家公務員法の解釈変更をしたと答弁した2月13日の夜から14日にかけて行われたのであろう。

つまり、法務省と人事院との間で1月22日から24日にかけて取り交わされたと政府が主張する文書は、あとから捏造したものであり、その時点で解釈変更の協議が行われていたという一宮人事院総裁らの答弁は虚偽答弁だとしか考えられないのである。

この問題では、人事院も官邸の支配下に入ったことを痛感させられた。一宮なほみ総裁は裁判官出身だが、人事院の独立性を自ら放棄し、官邸の望むとおりの答弁をした。松尾局長の「つい言い間違えた」という答弁は見え見えの嘘だった。こんなあからさまな虚偽答弁を強いられる彼女は実に気の毒だと思った。しかし、そうやって恥も捨てて政権に忠義を尽くしたおかげで、彼女は２０２１年1月人事院事務総長に昇任したのであった。

検察人事の私物化の企て

黒川氏の勤務延長は、彼を次の検事総長に任命するためだったことは間違いなかろう。安倍官邸にはどうしても黒川氏を検察トップに据えたい訳があったのだろう。このような人事を通じて検察が政権に私物化されれば、「首相の犯罪」は決して暴かれることがなくなる。首相はどんな悪事もやりたい放題になる。それはもはや法治国家ではない。

安倍政権では各省事務次官等に対する恣意的な勤務延長が常態化した。その延長線上に黒川氏の勤務延長があり、さらにそれを追認するために検察庁法改正案が国会に提出された。この検察庁法改正案にあったように「内閣が定める事由」で検事長等の役職定年延長が認められることになれば、制度が濫用されることは目に見えていた。黒川氏を何年もの間、検事総長に据え置くことだって可能になる法改正だった。

しかし黒川氏は、2020年5月21日に発売された「週刊文春」に新聞記者と賭け麻雀をしていたことを書かれたため、同日辞表を出し、翌22日には閣議で辞職が承認された。あっけない幕切れだったが、私はどうもこの賭け麻雀報道から辞職までの経緯が、黒川氏の自作自演の自爆だったのではないかと思えてならない。官邸が彼の辞任を認めざるを得ない理由を自らつくり出したのではないか、と私は思っている。

一方検察庁法改正案については、「笛美」さんという女性が始めた「検察庁法改正に抗議します」というツイッターデモが爆発し、それに伴い内閣支持率が急落したのを見て、安倍首相（当時）は2020年5月18日、突如、通常国会での検察庁法改正案成立を断念すると表明した。さらに5月22日には国家公務員の定年を引き上げる国家公務員法改正案もろとも廃案にする意向を示した。その逃げ足の速さは際立っていた。

いずれにせよ、人事権を通じて検察庁への政治支配を強めようとした官邸の企みは挫折したわけである。ツイッターデモという民の声が政治を動かした経験は、日本の民主主義にとって大きな意味を持つ。それは2021年5月、難民認定申請者の強制送還を容易にする入管法（正式には「出入国管理及び難民認定法」）改正案を事実上の廃案に追い込んだ時にも起きた。検察庁法でも入管法でも、小泉今日子さんなど一部の芸能人が率直に抗議の声を挙げたことが大きく影響したと思う。

第4章
人災だった
全国一斉休校

突然の全国一斉休校要請

一斉休校は子どもの人権の侵害

安倍・菅政権は数々の失政を行ってきたが、中でも最悪のものが新型コロナウイルス対策だろう。ウイルスというごまかしの利かない敵を前に、非科学的で場当たり的で無責任、しかも強権的で専制的なこの政権の欠陥が露わになってしまったのだ。中でも私が許しがたいと思っているのは、2020年の3月から6月にかけて行われた全国一斉休校である。

2020年2月27日夕刻の新型コロナウイルス感染症対策本部の席上で、安倍晋三首相（当時）は突然「全国一斉休校要請」を発表した。「全国全ての小学校、中学校、高等学校、特別支援学校で3月2日から春休みまで臨時休業を行うよう要請する」と言ったのだ。それは日本中の子どもたちの学習権と生存権を侵害する重大な人権問題だった。

日本国憲法第26条が保障する「教育を受ける権利」は、第25条が保障する「健康で文化的な最低限度の生活を営む権利」と一体をなすものであり、子どもたちが学校で無償の普通教育を受けることは、まさに彼らにとって「健康で文化的な最低限度の生活」の重要な部分を構成する。また学校は、学習の機会を提供するだけでなく、子どもたちに安全・安心かつ安定した生活環境を提供するという点でも、彼らの生存権を保障する機能を有している。子どもたちから学校教育と学校生活の機会を奪う休校（学校の臨時休業）は、彼らの生存権と学習権を侵すことにほかならない。それが許されるのは、子どもたち自身の健康と安全の確保のために必要な場合または公衆衛生上どうしても学校を閉めなければ感染が食い止められない場合に限られ、そこには十分な科学的根拠が必要である。

「営業の自由」を制限する一般の休業命令と異なるのは、金銭による補償が不可能だということだ。いくらお金を積んでも、奪われた学習の時間を埋め合わせることはできない。永久に奪われたままになる。取り返しはつかない。

しかし安倍前首相には、自らの行為で子どもたちの人権を侵害しているという認識は、おそらくひとかけらもなかっただろう。この「要請」は何らの科学的根拠も持っていなかった。専門家会議にも諮《はか》らず、文部科学省にも相談しなかった。官邸の独断による暴走だったというほかない。

もともとの文部科学省の方針

「全国一斉休校要請」の2日前の2月25日、文部科学省は学校での新型コロナウイルス対策についての「事務連絡」を全国の教育委員会等に宛てて発出していた。その中で文部科学省は、次のような方針を示していた。

①感染して発熱や咳などの症状のある児童生徒が登校していた場合は、学校の一部又は全部を休校にする。
②感染しても症状が出ていない児童生徒が登校していた場合は、個別事案ごとに都道府県等と相談して判断する。
③児童生徒が濃厚接触者だった場合は、その児童生徒に対し出席停止の措置をとる。
④感染者のいない学校の休校は、地域での感染防止を目的に流行早期の段階で行う場合が考えられる。

つまりこの時点で文部科学省は、休校は児童生徒に感染者が出た場合に行うのが原則であって、感染者がいないのに休校にするのは、各地域の流行早期の段階でとり得る例外的な措置だと考えていた。それを安倍首相（当時）は2日後の2月27日にひっくり返したのだ。「全国一斉休校要請」は、「官邸官僚」の筆頭である今井尚哉首席秘書官（当時）の進言によるものだったことが知られているが、彼がそう考えた理由は、前日の2月26日に鈴木直道北海道知事が行った「全道一斉休校要請」にあると思われる。鈴木知事は「この1～2週間が勝負」と言って、2月27日から3月4日までの一斉休校を要請し「結果責任は知事が負う」と大見得を切った。今井氏はこの一斉休校要請の推移を注視していたに違いない。北海道はいわば「一斉休校」の実験場だったのだ。「全道一斉休校要請」は道民にもメディアにも評判が良かった。それを見た今井氏は意を強くして首相の安倍氏に「全国一斉休校要請」を強く勧めたのだろう。

情けなかった藤原事務次官の態度

２０２０年2月27日の前後に首相官邸で何が起きていたのかについては、各メディアの調査によって様々な事実が明らかになっている。

同年7月15日の朝日新聞によれば、安倍首相（当時）の「要請」の数日前の官邸幹部らとの会議で菅義偉官房長官（当時）などから異論が出たため「首相も一度は一斉休校を見送る考えを示した」が、今井尚哉氏が「立ち消えになった案を再び俎上に載せた」のだという。

さらに、10月23日に発行された『新型コロナ対応民間臨時調査会　調査・検証報告書』(一般社団法人アジア・パシフィック・イニシアティブ) は、関係者の証言を広範に集め、一斉休校に至った経緯を明らかにした。この報告書によれば、2月27日の午前中に官邸に呼ばれた藤原誠文部科学事務次官は、首相の意向を初めて伝えられたとき「私もやった方がいいと思っているんです」などと即座に応答したという。教育現場を預かる文部官僚のトップが、このように首相に迎合した発言をしたことは本当に情けない。その2日前に文部科学省は、休校は個々の学校で感染者が出た場合に行うことを原則とする方針を出していたのだから、本来そこで事務次官は官邸の暴走に「待った」をかけなければならなかったはずだ。

この点では、萩生田光一文部科学大臣の反応の方が真っ当だった。「民間臨調報告書」によれば、萩生田氏はその日の午後官邸に赴き、安倍氏に対し「本当にやるんですか」と疑問を呈したという。また7月21日の東京新聞によれば、この時、萩生田氏は「課題を一つ一つ挙げ、翻意を促した」が、「安倍の決意は固かった」という。

官邸に追随せざるを得なかった文部科学省は、翌28日に「一斉臨時休業」を求める事務次官通知を発出し、ほぼ首相が要請したとおりのことを全国の学校関係者に要請した。さらにその際に留意事項として、①児童生徒には基本的に自宅で過ごすよう指導すること、

②学習の遅れが生じないよう家庭学習を課すなどの措置をとることを求めた。これらは子どもたちをさらに苦しめるもとになった。

ずるずると延長された一斉休校

首相の休校要請には、ほとんどの自治体が従った。3月4日8時の時点で文部科学省が調べた休校実施状況は、公立学校の場合小学校で98・8％、中学校で99・0％、高等学校で99・0％、特別支援学校で94・8％だった。例えば東京都小笠原村などの離島や僻地を含め、日本中のほとんどの学校が一斉に休校になったのである。ただし、この時点で休校措置をとらなかった自治体もある。都道府県では島根県、市町村では栃木県大田原市、兵庫県小野市、岡山県美作市、島根県松江市・出雲市・安来市・大田市、沖縄県石垣市・竹富町などだ。「感染者がいないのだから休校にはしない」というのがその理由だが、そんな当たり前の判断をする自治体は極めて少なかった。

一方、3月16日には学校を再開する自治体も出てきた。一斉休校宣言時に安倍首相（当時）が「この1～2週間が瀬戸際」と言っていた「2週間」が経過したからだ。都道府県では沖縄県、市町村では富山県富山市、静岡県静岡市・浜松市、沖縄県那覇市などだ。文部科学省の調べでは、3月16日時点で開校している公立学校は4・5％だった。これらの自治体は、安倍首相の思いつきには2週間もつきあえば十分だと判断したのだろう。ある意味で賢い対応であった。

当初首相が要請した一斉休校は「春休みまで」とされていたから、全国の学校関係者は、4月には入学式も始業式も行い、学校を再開できると思っていた。ところが春休みが明けた4月、日本中の多くの学校は再開しなかった。その最大の原因は「緊急事態宣言」だ。3月13日に改正された「新型インフルエンザ等対策特別措置法」に基づいて4月7日、首都圏、関西圏及び福岡の7都府県を対象に「緊急事態宣言」が発令され、4月16日には対象地域が全都道府県に拡大された。いったん再開した学校を再び休校にした自治体もあった。4月22日12時の時点で文部科学省が調べた休校状況は、公立学校で小学校95％、中学校95％、高等学校97％、特別支援学校96％と、依然として極めて高い休校率だった。

東京都の休校延長には、もう一つの要因があると思われる。オリンピックの1年延期の決定と同時に、それまで「音無しの構え」だった小池百合子都知事の姿勢が急変したことだ。東京都教育委員会（以下「都教委」）は3月26日までは新学期に学校を再開する方針だった。3月23日には新学期の授業再開を目指すよう都立学校に通知し、26日の教育委員会定例会では、分散登校や時差通学の実施、部活動の平日への限定などを定めた学校再開のガイドラインも決めた。ところがここで都教委と都知事の姿勢が交錯することになる。3

月23日に突然小池都知事が「ロックダウン」の可能性に言及。25日には「感染爆発 重大局面」と書いた札を掲げ、都民に外出自粛を強く求めた。小池都知事が新型コロナウイルス対策で積極姿勢に転じたのを受けて都教委は急遽方針を変え、4月1日に臨時会を開いて4月6日に予定していた都立学校の再開を中止し、大型連休の5月6日まで休校にすると決めた。緊急事態宣言後の4月9日には、休校を島嶼《とうしょ》部にも広げ、登校日を設定しない方針も決めた。都教委が大慌てで知事に追随した様子が分かる。

緊急事態宣言は5月6日までとされていたから、全国の学校関係者は連休明けには一月遅れで学校を再開できると思っていた。しかし、4月30日には安倍首相が「7日から日常に戻るのは困難」と発言し、5月4日には緊急事態宣言を5月31日まで延長すると発表した。この頃までに全国の教育委員会の頭の中は「緊急事態宣言＝休校」となっていたから、多くの教育委員会がほとんど考えることも悩むこともなく学校の一斉休校を5月31日まで延長した。5月11日12時の時点で文部科学省が調べた休校状況は、公立学校で小学校88％、中学校88％、高等学校90％、特別支援学校90％となっており、依然として9割程度の学校が休校を続けていた。この時点で公立学校の休校がゼロになっていたのは秋田県と鳥取県の2県、極めて低い割合になっていたのは青森県、岩手県、長崎県、鹿児島県などだった。多くの自治体では、学校を再開する理由もきっかけも見つからないまま、漫然と休校を続けていたのである。

緊急事態宣言は5月14日に首都圏、関西圏、北海道の8都道府県を除く39県で解除され、21日には関西の3府県が、25日には残りの首都圏4都県と北海道が解除された。これに伴い、学校の休校を解除し全面再開する地域も増えていった。しかし、6月1日12時の時点で全面再開した学校は、全国の公立学校で小学校54％、中学校56％、高等学校57％、特別支援学校45％にとどまっていた。公立学校の4割以上は全面再開を6月に持ち越したのである。学校再開が遅れたのは、東京都及び関東各県（栃木県を除く）、大阪府及び近畿各県（三重県を除く）、岐阜県などである。東京都が都立学校を全面再開したのは6月29日だった。

存在しなかった科学的根拠

一斉休校は多くの地域で3カ月、東京などではほぼ4カ月の長期に及んだ。この一斉休校の必要性やその効果について、科学的な根拠に基づく説明は全く行われなかった。

全国一斉休校の目的は「新型コロナウイルスのまん延防止」だと、一般には思われていただろうが、2月27日に要請を行った際、安倍首相（当時）が強調したのは「子どもたちの健康と安全」だった。安倍氏が「瀬戸際」と言った2週間が過ぎた3月19日、政府の専門家会議がまとめた「状況分析・提言」には、「学校の一斉休校だけを取り出し『まん延防止』に向けた定量的な効果を測定することは困難」「『感染状況が拡大傾向にある地域』では、一定期間、学校を休校にすることも一つの選択肢」などと記述されており、専門家会議が決して全国一斉休校が必要とは考えていなかったことが分かる。

専門家会議は4月1日の提言においても「現時点の知見では、子どもは地域において感染拡大の役割をほとんど果たしてはいないと考えられる」と述べ、一斉休校は「感染拡大警戒地域」において検討すべき「選択肢」とした。こうした専門家会議の姿勢をつぶさに見てみると、首相の安倍氏が独断で行った「全国一斉休校要請」を否定しないよう配慮しつつも、それを支持する姿勢を示したことは一度もなかった。

政府の「基本的対処方針等諮問委員会」が一斉休校に「お墨付き」を与えるのを拒んだ経緯は、2020年9月25日の朝日新聞が伝えている。緊急事態宣言の全国拡大などを審議するため4月16日に開かれた同委員会で、事務局が対処方針案に「5月6日までの間、学校を一斉休業することが望ましいという専門家会議の見解を踏まえ」という文言を入れようとしたところ、次々に異論が示され撤回された様子が、議事録に記録されているという。「感染拡大している状況であっても子どもが教育を受ける権利をしっかり保障すべき」という武藤香織委員（東京大学医科学研究所教授）の発言も残っている。

前述の「民間臨調報告書」にも、「エビデンスから考えると、今回のウイルスは、子どもは感染源にほとんどなっていない」「一斉休校は疫学的にはほとんど意味がなかった」という「専門家会議関係者」の発言が載せられている。

２０２０年５月20日に日本小児科学会の予防接種・感染症対策委員会が発表した「小児の新型コロナウイルス感染症に関する医学的知見の現状」と題する文書は、次のように指摘して、より明確に休校の有効性を否定した。「ＣＯＶＩＤ－19患者の中で小児が占める割合は少なく、その殆どは家族内感染である」「殆どの小児ＣＯＶＩＤ－19症例は経過観察または対症療法で十分とされている」「現時点では、学校や保育所におけるクラスターはないか、あるとしても極めて稀と考えられる」「海外のシステマティック・レビューでは、学校や保育施設の閉鎖は流行阻止効果に乏しく、逆に医療従事者が仕事を休まざるを得なくなるためにＣＯＶＩＤ－19死亡率を高める可能性が推定されている」（著者注・「小児」とは０～18歳の者）

また同文書は、休校中の子どもの状況について、「学校閉鎖は、単に子ども達の教育の機会を奪うだけではなく、屋外活動や社会的交流が減少することとも相まって、子どもを抑うつ傾向に陥らせている」「就業や外出の制限のために親子とも自宅に引き籠るようになって、ストレスが高まることから家庭内暴力や子ども虐待のリスクが増す事が危惧されている」と指摘し、「こと子どもに関する限り、ＣＯＶＩＤ－19が直接もたらす影響よりもCOVID－19関連健康被害の方が遥かに大きくなることが予想される」と結論づけている。

こうした専門家や科学者の見解からみれば、安倍首相（当時）による「全国一斉休校要請」に科学的根拠がなかったことは明らかだ。

学校は感染拡大源ではなかった

2021年4月28日に文部科学省が発表した「学校における新型コロナウイルス感染症に関する衛生管理マニュアル～『学校の新しい生活様式』～（以下「衛生管理マニュアル」）（ver．6）」は、「これまでの感染事例の大半が学校内で感染者1人にとどまっており、学校内での感染の拡大があった場合でも、地域での感染拡大につながった事例は現在（令和3年4月15日現在）まで確認されていません」と記述している。学校が地域での感染拡大源になっているという誤解を払拭しようと努めている様子がうかがわれる。

同マニュアル記載の調査結果によれば、2020年6月1日から2021年4月15日までに報告があった全国の学校の幼児・児童・生徒と教職員の感染者数とその感染経路別の人数は表1・表2のようになっている。

これらの数字から分かることは、学校内感染の割合が子どもの場合も教職員の場合もか

表1

（人）

	幼稚園	小学校	中学校	高等学校	特別支援学校
幼児児童生徒の感染者	620	6183	4072	7046	269
教職員の感染者	342	910	528	741	203

表2
（上段は幼児児童生徒数、下段は教職員数）

（人）

	家庭内感染	学校内感染	家庭・学校以外	感染経路不明
幼稚園	459（74%） 79（23%）	66（11%） 54（16%）	23（4%） 39（11%）	70（11%） 170（50%）
小学校	4817（78%） 248（27%）	282（5%） 94（10%）	407（7%） 77（8%）	661（11%） 490（54%）
中学校	2619（64%） 135（26%）	291（7%） 35（7%）	264（6%） 43（8%）	882（22%） 314（59%）
高等学校	2393（34%） 141（19%）	1704（24%） 132（18%）	572（8%） 69（9%）	2352（33%） 399（54%）
特別支援学校	135（50%） 36（18%）	23（9%） 34（17%）	60（22%） 14（7%）	51（19%） 119（59%）

なり低いということだ。高校生は少し高いがそれでも全生徒数の24%にとどまっている。中学校以下の子どもの感染経路で圧倒的に多いのは家庭内感染だ。一方、教職員の感染経路は、家庭・学校以外と感染経路不明を合わせて6割を超えていることから、教職員が市中で感染して学校にウイルスを持ち込むケースが多いことがうかがわれる。特に、幼稚園と特別支援学校の場合、子どもの感染者数に対して教職員の感染者数が極めて多い。これらの学校種の場合は教職員が感染を広げる割合がさらに多いと考えられる。逆に子どもが市中感染して学校や家庭にウイルスを持ち込むケースは、高校生以外では極めて少ないと思われる。高校生については、家庭・学校以外と感染経路不明を合わせて約4割であることから、高校生が市中感染してウイルスを学校に持ち込むケースが一定程度存在すると考えられる。

学校の休校、分散登校、オンライン化などを考える際には、学校種の違いに配慮することが必要だということがこれらの表から見てとれる。

健康教育・食育課の苦衷

文部科学省で学校の新型コロナウイルス対策を担当しているのは、初等中等教育局の健康教育・食育課の職員たちだ。安倍首相（当時）の「全国一斉休校要請」以来、彼らがどれほど苦労したかは想像に難くない。

前述のとおり、同課では専門家の意見を徴して２０２０年2月25日には「事務連絡」を発出していた。それをひっくり返す「全国一斉休校要請」を2日後に首相が行った。彼らはその理不尽な方針を受け入れざるを得なかった。2月27日の午前中に官邸に呼ばれた藤原誠文部科学事務次官が「私もやった方がいいと思っているんです」と応答したと知った時の彼らの失望はいかばかりだったろう。

彼らは4月の新学期には学校を再開できると思っていたから、3月24日には学校再開に向けた通知を発出した。この通知では、「学校再開ガイドライン」で教室の換気、検温の徹底、会話時のマスク着用などの留意点を示すとともに、「臨時休業の実施に関するガイドライン」で「児童生徒等又は教職員の感染が判明した場合」には、「症状の有無、学校内における活動の態様、接触者の多寡、地域における感染拡大の状況、感染経路の明否等」を「総合的に考慮」し「衛生主管部局と十分相談」の上「（臨時休業の）実施の有無、規模及び期間について判断する」ものとし、「感染した児童生徒等及び濃厚接触者の出席停止のみ」で対応すべき場合もあるとしていた。このガイドラインは、基本的に2月25日に発出した事務連絡に近いラインだ。つまり、この時点で文部科学省は「休校（臨時休業）」についての考え方を、学校保健安全法が想定している形に正常化しようとしていたのである。

しかし、緊急事態宣言により一斉休校は4月中も続いてしまった。緊急事態宣言の延長で一斉休校がさらに延びることを懸念した健康教育・食育課は、5月1日「学校における新型コロナウイルス感染症の対策に関する懇談会」を開いて「新型コロナウイルス感染症対策の現状を踏まえた学校教育活動に関する提言」をまとめた。

この「提言」の次のようなくだりには、長引く休校に対する焦燥感がにじみ出ている。「新型コロナウイルス感染症の学校における集団発生報告は国内外においても稀であり、小児年齢の発生割合、重症割合も少ない」「現在のように、学校における感染リスクをゼロにするという前提に立つ限り、学校に子供が通うことは困難であり、このような状態が長期間続けば、子供の学びの保障や心身の健康などに関して深刻な問題が生じることとなる」。その上で「段階的に実施可能な教育活動を開始」することを求め、その際「一律ではなく地域の状況を踏まえて、段階的に学校教育活動を開始」することや「進学を控える中学校第3学年、小学校第6学年、また、学校生活を開始することができていない小学校第1学年等から優先的に（中略）任意の分散登校」を行う方法を示唆した。

この時点では、健康教育・食育課も学校の早期再開を諦めたのだろう。この通知では「学校の再開」ではなく「学校教育活動の再開」という言葉を使っている。分散登校は学校の再開ではなく、休校中の「学校教育活動」なのである。

しかし、緊急事態宣言の延長に伴い、ほとんどの地域で一斉休校も5月いっぱい続いてしまった。5月22日に健康教育・食育課が作成し、発表した「衛生管理マニュアル」には、次のような記述があった。

「感染者が確認された場合には、ただちに地域一律に一斉の臨時休業を行うのではなく、感染者及び濃厚接触者を出席停止としたり、分散登校を取り入れたりしつつ、学校内で感染が広がっている可能性についての疫学的な評価を踏まえた臨時休業についての判断を行います」

「臨時休業は、緊急事態措置の際でも『一つの選択肢』であり、生活圏において感染者が発生していない場合や、生活圏内において感染がまん延している可能性が低い場合などについては、必ずしも実施する必要はありません」

「新型コロナウイルス感染症とともに生きていく社会をつくるためには、感染リスクはゼロにならないということを受け入れつつ、感染レベルを可能な限り低減させながら学校教育活動を継続していくことが重要です」。

こうした記述の中に「もう二度と全国一斉休校にはしたくない」という思いが込められているのを感じる。

健康教育・食育課が２０２０年5月に初めてまとめた「衛生管理マニュアル」は逐次改

訂されたが、12月3日に発表した第5版ではそれまでの休校に関する記述を変え、児童生徒や教職員の感染が確認された場合でも、当該感染者及び濃厚接触者を出席停止や出勤させない扱いとすることを基本とし、休校（臨時休業）の要否については設置者が、「保健所の調査や学校医の助言等を踏まえて判断」「学校内で感染が広がっている可能性が高い場合などには、その感染が広がっているおそれの範囲に応じて、学級単位、学年単位又は学校全体を臨時休業とする」「これ以外の場合には、学校教育活動を継続」と記述している。これはもともと２０２０年2月25日に発出した事務連絡のラインに近い。首相の「要請」により一斉休校に傾斜してしまった新型コロナウイルス対策の方針を、12月になってやっと正常化することができたということだ。

第3波の拡大が明らかになった11月27日、萩生田文部科学大臣は記者会見で、2度目の緊急事態宣言が出た場合の学校の対応について、「児童生徒の発症の割合は低く、学校を中心に感染が広がっている状況ではない。春先のような全国一斉休業を要請することは考えていない」と述べた。少なくとも、過ちを繰り返さない態度は評価されてよいだろう。

首長の場当たり対策に振り回される教育現場

新型コロナウイルスの第4波に直面して、菅首相は東京、大阪、兵庫、京都の4都府県に2021年4月25日から5月11日まで3度目の緊急事態宣言を発令したが、文部科学省はそれに伴う一斉休校は求めなかった。この緊急事態宣言は6月20日まで延長され、当初の4都府県に愛知県、福岡県、北海道、岡山県、広島県、沖縄県が加えられたが、その際にも国の方から一斉休校を求めることはしなかった。文部科学省は前年の教訓を踏まえた対応をしたといえる。

一方、第4波への対処の中で、知事や市長の判断で学校での対応を行った地域もあった。4月14日、大阪府の吉村洋文知事は「部活動でクラスター（感染者集団）が発生している」として、学校の部活動の自粛を要請した。1カ所の部活動でクラスターが生じたからといって全ての学校で一斉に部活動を止めろというのは無茶な話だ。部活動は生徒たちにとっては大事な学習・成長の場だ。生徒にとって具体的な健康への脅威が生じていない限りは継続するべきである。それは一つの介護施設でクラスターが生じても、ほかの介護施設を閉鎖したりはしないのと同じ理屈である。

大阪市の松井一郎市長は4月19日、緊急事態宣言発令後は市立小中学校でオンライン授業を行うよう要請した。1〜2時間目は自宅でオンライン授業を受けたりプリント学習をしたりし、その後登校し3〜4時間目に学習状況を確認して給食を食べて下校するというパターンだった。しかし、市立小中学校でのオンライン授業の環境整備が不十分だったため、この松井市長の方針は学校現場に大混乱をもたらした。

大阪市立木川南小学校の久保敬校長は2021年5月17日付けで松井市長に宛てた「大阪市教育行政への提言」の中で、「GIGAスクール構想に伴う一人一台端末の配備についても、通信環境の整備等十分に練られることないまま場当たり的な計画で進められており、（中略）大阪市長が全小中学校でオンライン授業を行うとしたことを発端に、そのお粗末な状況が露呈した」とし、市長によるオンライン授業の要請の結果、「学校現場は混乱を極め、何より保護者や児童生徒に大きな負担がかかっている。結局、子どもの安全・安心も学ぶ権利もどちらも保障されない状況をつくり出していることに、胸をかきむしられる思いである」と訴えた。

教育現場の事情を無視した要請は暴挙だったといっても過言ではない。松井市長は5月17日になって、同24日から通常授業を再開すると発表したが、自らの失策は認めなかった。市長の言いなりになり独立性を失った教育委員会の姿勢も情けないものだった。

沖縄県は第4波の影響が特に大きく、5月26日には1日の新規感染者数が300人を超えた。玉城デニー知事は6月3日、県独自の判断として6月7日から20日までの2週間県立高校を原則として休校にし、小中学校も休校にし、保育所も臨時休園や登園自粛の措置をとるよう市町村に求めると発表した。私はこの措置についても疑問を感じる。知事は大規模商業施設の土日の休業やイベントの延期・中止は求めたものの、その他の遊興施設、飲食店、小売店などが営業する中で学校だけを全面的に閉じることは、いわば大きな穴を開けたまま小さな穴だけを閉じるようなものだ。特に校内・園内の感染リスクが低い小中学校の休校や保育所の休園まで求めるべきだったとは思えない。

沖縄県に限らず、この段階での学校や保育所の感染防止策としては、教職員や保育士に対するワクチンの優先接種を行うべきだった。

子どもたちがこうむった災難

休校中の子どもの居場所

２０２０年２月28日の文部科学事務次官通知は、児童生徒に対し「人の集まる場所等への外出を避け、基本的に自宅で過ごすよう」指導することを学校に求めた。子どもたちは公園で遊んだだけで「自粛警察」の大人に叱られ、自宅軟禁状態で運動不足になり、スマホやゲームに依存する傾向も増えた。

休校が子どもに与えた被害が数字に表れた例としては、子どもの悩み相談に応じる「チャイルドライン」への２０２０年４月の発信数が前年同月比で2・4倍に増えたことが挙げられる。また、放課後ＮＰＯアフタースクールが２０２０年４月27日から30日にかけて休校中の小学生の保護者に対して行った調査では、休校でストレスを感じている保護者が82％、児童が64％だった。保護者のストレスの理由では「仕事と子どもの世話の両立」が最も多く、「子どもの勉強の心配」「家事の負担増」が続いた。児童に多かった理由は「友達や先生と会いたい」「友達と遊ぶ時間が減って寂しい」だった。

子どもの「ネット漬け」や「ゲーム依存」の問題も広がった。アプリ開発会社「テスティー」が2020年3月27日から4月6日にかけて、中高生らに「利用や視聴が増えた媒体」を尋ねた結果、高校生の71％、中学生の72％が「スマートフォン」と答えた。そのうち利用が増えたサービスを聞くと8割以上が「ユーチューブ」を挙げた。「自宅内で増えた行動」としてゲーム（スマホ以外）を挙げた中学生は43％、高校生33％だった。

認定NPO法人フローレンスが2020年3月6日から9日にかけて保護者を対象に行った緊急アンケートでは、「臨時休校・休園で困っていること」の第1位は「子どもが運動不足になること」（69・9％）だった。次いで「子どものストレス、心のケア」（56・8％）、「学習の遅れ」（56・6％）などが挙げられた。

フローレンスの調査への自由回答には、子どもたちが社会の不条理な不寛容に晒《さら》された様子が記されていた。「子どもを連れてスーパーへ行ったら『子どもは出歩くなって言われてるでしょ！』と怒鳴られた」「子どもだけで出歩いたら教育委員会に通報され、子どもがまるで病原菌のように扱われる」「子どもがゴミ出しをしただけ、バットの素振りをしただけで、知らないおじさんに『なんで外にいるんだ』と怒鳴られた」「近所からの苦情を学校が鵜呑みにし、教員が近所を見回って帰宅を促している」などだ。

文部科学省は子どもたちに「自宅で過ごすよう」求めたが、保護者が家庭にいない時間に子どもだけで「自宅で過ごす」ことはできない。当然家庭以外の居場所が必要になる。小学生を対象とする放課後児童クラブ（学童保育）については2月27日、厚生労働省がいち早く自治体あての文書を出した。その中では、「感染の予防に留意した上で、原則として開所していただくようお願いしたい」とし、「開所時間については、長期休暇などにおける開所時間（原則、1日につき8時間）に準じた取扱いとするなど、可能な限り柔軟な対応をお願いしたい」と要請した。厚生労働省は、4月7日に緊急事態宣言が出された7都府県においても、放課後児童クラブを完全に休業する方針はとらず、同日付けの文書で「知事から（中略）要請されていない場合には、規模を縮小して実施することを検討するよう求めた。

子どもと大人が集まる場所という点では学校も放課後児童クラブも同じであり、感染リスクにも大きな違いがあるとは考えられない。学校は閉じるが放課後児童クラブは開けるというのは、政府の新型コロナウイルス対策として明らかに矛盾していた。しかし、子どもを1人で家庭に残すことができない以上、放課後児童クラブの開所継続と時間延長は必然的な要請だった。

「股裂き」状態になったのは、文部科学省の社会教育担当部局の補助事業である「放課後子供教室」だ。外見上は放課後児童クラブに似ているが、放課後児童クラブが、①児童福祉法の放課後児童健全育成事業として行われ、②留守家庭の子どもを対象とし、③指導員には報酬が支払われるのに対し、放課後子供教室は、①社会教育法の地域学校協働活動として行われ、②地域の全ての子どもが参加でき、③指導者は地域住民のボランティアであるところに違いがある。両事業には重複する目的があることから、２００７年度以降「放課後子どもプラン」として一体的または連携して実施するものとされている。

放課後子供教室について文部科学省が2月28日の文書で示した方針は、どっちつかずの中途半端なものだった。「小学校等において臨時休業を行う場合には、当該校における地域学校協働活動も、これに合わせて活動を休止していただくことが基本」とする一方、放課後児童クラブと一体的に活動している場合は「地域や学校の実情に応じて（中略）感染防止の措置を講じた上で実施するなど、柔軟な対応をお願いします」と記されていた。一斉休校の悪影響を最小化し、子どもの居場所を確保するためには、放課後子供教室は学校に合わせて休止するのではなく、放課後児童クラブに合わせてできるだけ継続すべきだったのだ。

授業の不足をどう補うか

子どもたちの学習については、文部科学省は授業の不足を「家庭学習」で補う方針をとった。2月28日の事務次官通知では、学校に対し「学習に著しい遅れが生じることのないよう、可能な限り、家庭学習を適切に課す等の必要な措置を講じる」ことを求め、4月10日の通知では、家庭学習における「一日の学習のタイムスケジュールや一週間の学習の見通し」（時間割）を示すことを促し、家庭学習の成果を学習評価に反映すること（成績づけ）や家庭学習で十分と判断すれば学校再開後に授業をしないことも認めた。家庭学習は学校の指導計画の中に位置づけられ、「家庭の学校化」とも言うべき事態が起きた。

朝日新聞デジタル版が5月21日と22日の2日間に生徒や保護者に行ったアンケートでは、宿題をみているのは、「母親」46％、「父親」4％、「誰もみていない」34％となっており、3人に1人の子どもは独力で学習していた。他方、大手学習塾の動画配信や双方向型オンラインによる授業を利用できる子どももいた。このように子どもの学習環境に大きな格差が生じたのである。

経済的な理由で学習塾を利用できない子どもに対しては、厚生労働省がひとり親家庭と生活困窮世帯に対する学習支援事業を展開している。同省が2月28日に発出した文書では、学習支援事業の一律休止は求めず、「地域における感染の状況を勘案しつつ（中略）感染拡大の防止に向けた対応を行って（中略）状況に応じた柔軟な対応」を行うよう求めた。5月18日の文書では、非対面での学習支援のため、補助金を使ってタブレットやモバイルのWi‐Fi機器等を子どもに貸し出すことも促している。厚生労働省はそれなりに頑張ったといえる。

厚生労働省の学習支援事業に類似した文部科学省の補助事業に「地域未来塾」がある。両事業の間には、「放課後児童クラブ」と「放課後子供教室」の間の違いと同様の違いがある。ただし、両省の放課後事業には放課後子どもプランという統一的な枠組みがあるが、学習支援事業と地域未来塾の間にはそのような枠組みはない。文部科学省は2020年2月28日に発出した「新型コロナウイルス感染症対策に関する地域学校協働活動の取扱について」の事務連絡で、放課後子供教室や地域未来塾を含む地域学校協働活動について「小学校等において臨時休業を行う場合には、これに合わせて活動を休止することが基本」と伝えていたから、地域未来塾のほとんどは、文部科学省の方針に従い活動を休止したとみられる。しかし、休校に引きずられて一律に休止するのではなく、可能な限り活動を続けるべきだったというのが私の意見である。

学校給食と子ども食堂

家庭で十分な食事をとることができず、成長に必要な栄養の摂取を学校給食に依存している子どもは、休校で学校給食が食べられなくなったため、文字どおり食べるのに困るようになった。そうした子どもたちを念頭に、厚生労働省は2020年2月28日の文書で、学習支援事業の中で食事の提供だけでなく利用者の居宅に食品等を配付することも可能と伝え、続く3月13日の文書では、文部科学省と連名で、学校給食で使用予定だった未利用食品を、フードバンクを通じて子ども食堂での食事の提供や学習支援事業での食品の配布につなげることを促した。

厚生労働省は3月24日にも子ども食堂についての文書を出している。「現在も子ども食堂の開催を続けている運営者の方からは、開催しづらさを抱えながら運営されているというお声もお聞きしているところです」と述べ、安倍首相（当時）の国会答弁を引用して「国として、①子ども食堂は、子どもの食事の確保はもとより、子どもたちが安心して過ごせる場所を提供するものであり、大変有意義なものであるとの認識をしていること、②国としては、感染拡大の防止に向けた対応を行った上で開催いただくことは差し支えないと考えており、しっかりと支援をしていきたい」と、活動を継続するよう励ましている。

厚生労働省は２０２０年度第二次補正予算に「子ども食堂や子どもに対する宅食等の支援を行う民間団体等の取組への支援」の経費を計上した。ＮＰＯ法人全国こども食堂支援センター・むすびえが４月13日から17日にかけて調査したところによると、公共施設が利用できなくなるなどの理由で、子ども食堂の約９割が活動休止を余儀なくされたが、うち約半数はその活動を弁当や食材の配布・宅配に切り替えたという（２０２０年５月６日付東京新聞）。また、朝日新聞が２０２０年５月25日から27日の間に74の市区教育委員会に行った調査によると、約３割にあたる24の自治体が、給食が食べられなくなった子どもたちのため、就学援助受給世帯に「昼食代」を支給すると回答した。

深刻化した児童虐待

休校が長期化する中で児童虐待の深刻化を懸念した厚生労働省は２０２０年４月10日、虐待のおそれのある子どもの状況を把握するため、学校との連携強化を求める文書を発出した。具体的な方法として「休校期間中に設けられた登校日において、教職員等が支援対象児童等と面会し、状況の聞き取りを行うこと」「学校が生徒に配布したタブレット等のＩＣＴ機器を用いた通信手段（チャット等）による状況の確認を行うこと」「学校に配置されているスクールソーシャルワーカー等が電話等により児童生徒の心のケアなど必要な支援を行うこと」を例示している。さらに、厚生労働省は第二次補正予算に、児童の安全確認のための職員の増員や子ども食堂などでの子どもの見守りを強化する事業を盛り込んだ。

実際に児童虐待は増えたのだろうか。

厚生労働省が発表した「児童虐待相談対応件数の動向について（令和2年3月～令和3年2月分〈速報値〉）」によると、2020年3月の相談対応件数は対前年同月比18％増だったが、4月はその増加傾向が鈍って9％増、5月は対前年同月比がマイナス1％になっていた。一方、警察庁の発表（2021年3月）によると、2020年に全国の警察が児童相談所に通告した18歳未満の子どもの数は、前年より8・9％多い10万6991人だったが、月別に前年同月比を見ると、3月は21％増、4月は17％増、5月は14％増で、一斉休校の期間に特に増えていた。これらの数字から推測されるのは、警察からの通告が増える一方で、厚生労働省の呼びかけにかかわらず、学校、幼稚園、保育所、病院などからの通告が減り、児童虐待が見つかりにくくなったのではないかということだ。同じ警察庁の発表によると、2020年に警察が摘発した児童虐待事件は2133件で前年比161件（8・2％）増、被害に遭った18歳未満の子どもは2172人で前年比181人（9・1％）増、死亡した子どもは61人で前年比7人（13％）増で、いずれも過去最多となった。死亡例のうち21人は無理心中によるものだった。深刻な虐待事案が見落とされ、事件化するまで気づかれなかったということだろう。

家庭に居場所を失った女子生徒がSNSでつながった男に誘われて家出する事案も各地で起きている。そうしたケースも含め、望まぬ妊娠をするケースが増えた。諸事情により親が育てられない新生児を匿名で預かる「赤ちゃんポスト」を運営する慈恵病院（熊本県熊本市）に2020年4月に寄せられた中高生からの相談件数は過去最多の75件（前年同月比17件増）だった。広島県の無料相談機関「にんしんSOS広島」の2020年3月と4月の相談件数は310件で1月と2月の2・8倍に増えた。相談者の4割が20歳未満だった。

一斉休校は女性の貧困を深刻化させる原因の一つにもなった。内閣府の「コロナ下の女性への影響と課題に関する研究会」（座長・白波瀬佐和子東京大学教授）が2021年4月28日にまとめた報告書によれば、全国一斉休校要請の後、小学生以下の子どもを持つ母親の就業率が、子どものいない人よりも低下したことが分かっている。ただでさえ飲食業、観光業、小売業などの業種で非正規労働に従事してきた女性がコロナ禍により仕事を失う中で、全国一斉休校はそれに追い打ちをかけたことになる。

政治家の無責任・教育委員会の事大主義

一斉休校の政治的費用対効果

安倍首相（当時）の要請による「全国一斉休校」が始まった2020年3月2日の時点で、民間事業者への休業要請は全国どこでも全く行われていなかった。安倍首相（当時）が7都府県に1回目の緊急事態宣言を行ったのは、それより一月以上あとの4月7日だった。鈴木北海道知事は2月26日に小中学校の「全道一斉休校要請」を行った後、28日に独自の「緊急事態宣言」を発表したが、民間事業者への休業要請を開始したのは、国の緊急事態宣言が出た後の4月20日だった。

5月14日から25日にかけて、1回目の緊急事態宣言は順次解除され、それに伴い各都道府県知事が行っていた休業要請も順次解除されたが、学校の休校は依然解除されないという現象が各地で生じた。例えば宮城県の村井嘉浩知事は、国の緊急事態宣言の解除を待たず5月7日、休業要請を全業種で全面的に解除したが、学校については5月14日の緊急事態宣言解除後も休校を続けた。6月1日時点でも、宮城県で全面再開した公立高校は54%にとどまっていた。

鈴木北海道知事は8月19日付朝日新聞掲載のインタビューで、安倍首相（当時）の休校要請について「全国一斉に休校し、しかも高校まで拡大する。想像を超えた話で、正直びっくりしました。結果として、休校期間がより長期化することになりました。私たちとしては、休校期間は1週間が限度だろうと判断していたのですが」と述べている。まるで人ごとのような口ぶりだが、島根県のように一斉休校の要請に応じなかった自治体もある。北海道にも要請に応じない自由はあった。一斉休校に先鞭をつけた鈴木知事の責任は極めて重い。

新型コロナウイルスの第1波への対策として、感染拡大の危険性が高いと疑われる飲食店などへの休業要請よりも、感染拡大防止効果が低いと思われる学校の休校の方が、広く長く行われたのはなぜか。それは、学校を休校にしても「経済への影響」が少なく「休業補償の問題」が生じない一方、「やってる感」と「危機意識」を人々に植え付ける効果は大きかったからである。しかも、最も被害を受ける子どもたちには選挙権がないから、彼らの不満は選挙に影響しない。政治的な意味での費用対効果が高いのだ。

一斉休校によって子どもたちが奪われたのは、学校での学習と生活だ。それはとりもなおさず、彼らの学習権と生存権が侵害されたということだ。それは金銭では決して埋め合わせができない。いくら補償金を積んだとしても、子どもに休校を強いることはできない。そこが営業の自由を制限する休業要請や休業命令と根本的に異なるところだ。

長期の一斉休校で子どもや保護者が受けた被害はコロナ禍ではない。首相だった安倍氏や知事たち無責任な政治家が引き起こした人災だ。２０２０年5月4日の記者会見で安倍氏は「子どもたちは長期にわたって学校が休みとなり、友達とも会えない、外で遊べない」と同情して見せたが、安倍氏こそ子どもたちにこの不幸をもたらした張本人なのだ。

安倍首相（当時）は「子どもたちの健康と安全が第一」と言ったが、それなら全国一斉休校で子どもたちを苦しめるのではなく、教職員のＰＣＲ検査を徹底したり、学級を少人数化したりして、学校を最大限安全な場所にするべきだったのだ。

この人災の最大の責任者は首相だった安倍氏だが、もちろん首相に追随した文部科学大臣や英断を気取った知事たちの責任も重い。そして各自治体の教育委員会も責任を免れない。彼らの多くは、子どもたちの最善の利益を自ら判断することを放棄し、上意下達を唯々諾々と受け入れ、ほかの自治体との横並びを気にして、責任回避の行動をとった。

一斉休校は、子どもたちから学習の機会を奪っただけでなく、学校という安全・安心な居場所をも奪った。一斉休校を決めた教育委員会は、その責任をどう考えているのだろう。

公立学校の休校（臨時休業）の措置をとる権限と責任はその学校を設置する自治体の教育委員会にある（※）。ところが、ほとんどの教育委員会は自ら考え判断することを放棄して、首相の要請に従った。都道府県の中で唯一県立学校の一斉休校を行わなかった島根県でも、その判断は教育委員会ではなく知事が行った。もちろん、知事は感染症対策や児童福祉の責任者だから、休校の是非を判断する上で関与は不可欠だ。しかし、最終的な決定権は教育委員会にある。２０１４年の地方教育行政法改正で各自治体に設けられた総合教育会議（教育行政に関する首長と教育委員会との協議の場）は、新型コロナウイルス対策のような教育と福祉にまたがる政策の議論のためにこそ開かれるべきだった。

全国一斉休校で露わになった教育委員会の事大主義、上意下達・責任回避の体質は１９５６年の教育委員公選制廃止以来、文部省・文部科学省の長年にわたる指導行政に飼い馴らされた結果だが、２００６年に発足した第１次安倍内閣による教育基本法改正以来、より顕著になってきた感がある。教育委員会が独立した合議制執行機関として、教育における地方自治を担うためには、委員の公選制や委員数の増員などを含め、制度を抜本的に見直すことが必要だろう。

首相の一斉休校要請に思考停止で従った教育委員会の大人たちは、子どもたちに対して「思考力、判断力」や「主体的な学び」が大事だなどと言う資格はない。むしろ「こんな大人になってはいけない」という格好の反面教師だと言えるだろう。

※学校保健安全法第20条（臨時休業） 学校の設置者は、感染症の予防上必要があるときは、臨時に、学校の全部又は一部の休業を行うことができる。

地方教育行政法第21条（教育委員会の職務権限） 教育委員会は、当該地方公共団体が処理する教育に関する事務で、次に掲げるものを管理し、及び執行する。

第9号 校長、教員その他の教育関係職員並びに生徒、児童及び幼児の保健、安全、厚生及び福利に関すること。

「9月入学論」の究極的無責任

政治家の無責任さが際立ったのが「9月入学論」だ。きっかけは、休校が続く事態に失望や不安の念を抱いた高校生の発信だった。２０２０年4月1日、東京都立高校の3年男子生徒がツイッターで「始まりはどんどん遅くなるのに、終点は変わってくれません」と書いて9月始業を提案した。大阪では2人の3年女子生徒が「Spring Once Again」と題して日本の全ての学校での9月入学・9月始業を求めるネット署名を始めた。東京では公立小学校の保護者有志が署名活動を始めた。こうした動きに呼応して4月末、吉村洋文大阪府知事、小池百合子東京都知事、村井嘉浩宮城県知事など一部の知事が9月入学制への移行を主張し始めた。小池都知事は「9月入学が以前から持論だった」「混乱は生じると思うが、そういう時にしか社会は変わらない」などと発言した。彼らは休校を長期化させてしまった失敗を9月入学で帳消しにできると思ったのだろう。

議論を起こした高校3年生たちの気持ちは分かる。奪われた時間を取り返す方法として最適だと考えたのだろう。臨時的に高校の卒業時期を延ばすとか、大学の秋季入学枠を広げるとかという方策はあり得たかも知れない。しかし、幼稚園・保育所から大学までをそっくり4月入学から9月入学に移行させることは、とてつもなく大変なことなのだ。1987年に臨時教育審議会が秋季入学を提言し、文部省（当時）も真面目に検討したが、世論の盛り上がりもなく、導入を見送った経緯がある。

秋季入学への移行には膨大な経費が必要になる。特に高校や大学では5カ月分の授業料収入がなくなるから、それを補填することが必要になる。制度上克服しなければならない課題も多い。何よりも処理が困難なのは義務教育年齢の問題だ。入学時期を単純に5カ月ずらせばいいというものではない。現在の制度上は、4月1日の小学校入学時に全ての児童は6歳だ。しかし、これを単純に9月1日にずらせば、12人中5人は7歳になってしまう。6歳入学を維持しようと考えても、どうしても制度移行期間中には7歳入学のケースが出てしまう。現在幼稚園・保育所で同じクラスにいる子どもが、小学校入学時には上級生と下級生に分かれてしまうという問題も生じる。

このような事態が生じてもなお実施するメリットがあると国民が納得するなら実施したらいいが、そのような国民合意は容易には形成されないだろう。思いつきでできるような施策ではないのだ。しかし、9月入学は国会でも議論されるようになった。

4月29日には衆議院予算委員会で玉木雄一郎国民民主党代表が、9月入学に移行すべきとの質問を行い、安倍首相（当時）は「前広に選択肢を検討したい」と答弁した。4月30日には杉田和博官房副長官が関係府省の事務次官を首相官邸に呼び、2021年秋からの制度化を想定して論点整理を急ぐよう指示した。

この間に様々な世論調査が行われたが、興味深かったのは4月29日に「日刊スポーツ」紙が実施した緊急アンケートの結果だ。全体として反対55％、賛成41％と反対が多かったが、年代によって回答が鮮明に分かれていた。当事者である10代・20代では圧倒的に反対が多く、50代以上で賛成が上回った。具体的な数字は、10代以下は賛成20％・反対77％、20代は賛成24％・反対73％。一方、60代は賛成75％・反対19％、70代以上は賛成70％・反対25％だった。若年層に反対論が多かったことは、超党派の若者団体「日本若者協議会」（室橋祐貴代表理事）が5月1日～10日に小学生から大学院生を対象に行った調査で、賛成が37％、反対が47％だったことからも分かる。

一般的な世論調査では結果が分かれた。読売新聞が5月8日から10日に行った世論調査では、賛成54％、反対34％と賛成が多かったが、朝日新聞が5月23日と24日に行った世論調査では、賛成38％、反対43％と反対が多かった。読売と朝日が調査を行った日付には2週間の開きがあるので、その間に世論が動いたと見ることもできる。5月中旬以降関係各方面から反対論や慎重論、具体的なコストの推計が相次いで発表されたからだ。

5月11日、一般社団法人日本教育学会が「拙速な決定を避け、慎重な社会的論議を求める」とする声明を発表した。同学会の広田照幸会長（日本大学教授）は「教育制度の実態をあまり知らない方が、メリットだけ注目して議論している。財政的にも制度的にも大きな問題を生む」と訴えた。5月14日には、全国連合小学校長会が文部科学省に意見書を提出した。この意見書は「9月入学・始業が導入されれば、あたかもこれまでの課題がすべて解決されるという短絡的な考え方には違和感をもつ」と一部政治家の姿勢を批判し、拙速な変更には課題が多すぎるとして、新型コロナウイルスの収束後に時間をかけて検討するよう求めた。5月17日に朝日新聞が紹介した苅谷剛彦《かりやたけひこ》オックスフォード大学教授の研究チームの推計では、9月入学移行初年度は教員が2万8千人不足し、保育所の待機児童が26万人超に上り、地方財政で3000億円近くの支出増が見込まれると試算した。5月15日に文部科学省が明らかにした試算では、9月入学への移行期の家庭の負担額が、小中高校段階で約2・5兆円、大学など高等教育段階で約1・4兆円に上るとされた。

5月12日には自民党に「ワーキングチーム」、公明党に「プロジェクトチーム」が設けられた。5月18日に行われた自民党の会合では、田中愛治早稲田大学総長が「教育システムの破壊になりかねない」と慎重論を述べ、20日の会合でもPTAや保育関係団体から慎重な検討を求める意見が表明された。19日の公明党の会合では、全国市長会の代表が9月入学の議論自体の「封印」を求めた。22日には自民党の若手議員ら61名が「拙速な議論に反対する」という提言を党幹部に提出した。26日にはNPO法人キッズドアの渡辺由美子理事長らが「子どもが飢えている時に、9月入学を議論する余裕はない」と訴えた。

安倍首相(当時)は5月14日の記者会見では「子どもの学びの場を確保していく。9月入学は有力な選択肢の一つだ」と前のめりの姿勢を示したが、その後反対論、慎重論が広がる中で25日には「慎重に検討していきたい。拙速は避けなければならない」と発言。一転して慎重姿勢をとった。27日には菅義偉官房長官(当時)も「拙速な議論は避けるべきだ」と述べた。

自民党の中には下村博文元文部科学大臣のような積極論者が残っていたが、ワーキングチームは29日の会合で「本年度、来年度のような直近の導入は困難」とする提言を大筋で了承、提言は6月2日に首相に渡された。こうして、突然湧き起こった「9月入学論」は跡形もなく消えていったのである。1カ月間の議論に費やした膨大なエネルギーは全く無駄になった。かわいそうだったのは1カ月間振り回された、生徒、保護者、教職員そして文部科学省を始めとする関係府省の公務員たちだ。

学校再開後も続いた子どもの災難

学校の感染防止対策の右往左往

２０２０年の6月末までには全国の学校が再開したが、休校前の学校生活が戻ったわけではなく、子どもたちの受難は続いた。授業の遅れを取り戻すために「授業漬け」の日々が待っていた。体育では水泳ができない、音楽では合唱ができない、休み時間や給食の時間に友達とおしゃべりができないなど、様々な制約が子どもたちの学校生活を窮屈にした。

児童生徒にフェイスシールドを装着させる学校もあった。大阪市では5月22日、松井一郎市長がみずからフェイスシールドを着用して記者会見し、市立小中高等学校の全児童生徒と教職員にフェイスシールドを配る方針を表明した。実際大阪市は20万７０００個のフェイスシールドを購入し、配布した。これに対し6月9日、大阪府医師会学校医部会は「フェイスシールド活用に対する意見」を発表。「学校に於いてフェイスシールドが必要となる場面はほぼない」とする一方、「視界を妨げることによる事故」「熱中症の助長」「頭部を締め付けることによる頭痛」など「デメリットの方が大きい」と指摘した。6月13日には、大阪小児科医会も「子どもたちへの使用はすすめられません」とするメッセージを発表。大阪市教育委員会は学校でのフェイスシールドを限定的な使用にとどめることにした。

学校内の消毒作業は教職員を疲弊させた。NPO法人共育の杜が2020年7月に行った調査で、新型コロナ対策の負担感を教師たちに聞いたところ、「とてもある」「まあまあある」の合計が最も多かったのは「消毒作業」の90%で、並んで多かったのは「子どもへのソーシャルディスタンスの指導」の89%だった。しかしウイルス学の専門家である西村秀一国立病院機構仙台医療センター・ウイルスセンター長などは、学校の机の消毒はほとんど意味がないと指摘していた。文部科学省の健康教育・食育課は、8月6日に「衛生管理マニュアル」を改訂した際、次のように記述して過度の消毒作業を戒めている。

「通常の清掃活動の中にポイントを絞って消毒の効果を取り入れるようにしましょう」

「清掃活動とは別に、消毒作業を別途行うことは、感染者が発生した場合でなければ基本的には不要です」

「大勢がよく手を触れる箇所（ドアノブ、手すり、スイッチなど）は一日に一回、水拭きした後、消毒液を浸した布巾やペーパータオルで拭きます」

「床は、（中略）特別な消毒作業の必要はありません」

「机、椅子についても、特別な消毒作業は必要ありません」
「トイレや洗面所は、（中略）特別な消毒作業の必要はありません」
「過度な消毒とならないよう、十分な配慮が必要です」

修学旅行に行くべきか否か

「県境をまたぐ移動の自粛要請」をしたかと思えば「Ｇｏ Ｔｏトラベルの推進」を行うという、矛盾に満ちた新型コロナ対策に振り回された問題の一つが、学校の修学旅行だった。

文部科学省は「修学旅行は実施すべき」という姿勢をはっきり示した。同省の「衛生管理マニュアル」では、日本旅行業協会等が作成した「国内修学旅行の手引き」などを参考にして感染症対策をとるよう促しているが、中止という選択肢は示していない。萩生田文部科学大臣は２０２０年10月２日の記者会見で、東京都発着の旅行がＧｏ Ｔｏトラベル事業の対象となったことを踏まえ、修学旅行を「ぜひ実施していただきたい」と発言した。文部科学省は同日付けで「修学旅行等の実施に向けた最大限の配慮について」と題する事務連絡を発出し、「修学旅行等の教育的意義や児童生徒の心情等を考慮し、当面の対応として修学旅行等の実施を取りやめる場合も、中止ではなく延期扱いとしたり、既に取り止めた場合においても、改めて実施することを検討したりするなどの配慮をお願いします」と求めた。

しかし、各学校・教育委員会の方針は割れた。東京新聞が東京23区と首都圏の政令指定都市5市に9月10日と11日時点の対応状況を聞いたところ、中学3年は10市区、小学6年は20市区で中止としていた。その理由としては「休校で授業時間が減った中、学校の授業を充実させたい」（目黒区）、「旅先で全員の安全確保や健康管理が難しい」（大田区）などが挙げられていた。朝日新聞が都道府県、道府県庁所在市、政令指定都市、東京23区に対し11月7日までに行った調査によると、公立小中高等学校のうち66％の学校では修学旅行の実施を決めていたが、「予定どおり実施」という学校は12％で、残りの8割超は宿泊日数を減らすなど例年と異なる対応をしていた。中止を決めた学校は15％だった。

私は、新型コロナ感染が完全に終息する前にＧｏ Ｔｏトラベル事業を行ったことは間違いだったと思うが、修学旅行については、感染防止対策を十分にとって実施すべきだったと考える。大人の不要不急の旅行とは違って、修学旅行は子どもたちの人生にとって大きなイベントだからだ。その実施の可否は各学校が判断すればよいことだ。文部科学省が科学的知見に基づく情報提供を行うことは必要だが、それを超えて積極的に実施を促すのは行きすぎだと思う。萩生田大臣の積極的な姿勢の背景には旅行業界の意向があったのではないかと勘ぐりたくなる。

一方、中止を決めた学校や教育委員会が、本当に科学的根拠に基づいてその決定を行ったのかどうかも疑問だ。保護者の中に安全への懸念があるのであれば、十分に対策を説明した上で、任意参加にする方法もあったのではないか。授業時数の確保を理由にする学校もあるが、修学旅行には教科の授業以上の価値がある。

学校によってはＧｏ Ｔｏトラベルを利用して豪華旅行を実現したところもあった。兵庫県神戸市立鷹匠中学校の3年生は、加賀市にある北陸最大級の旅館の一棟を丸ごと貸し切りにして、24畳の風呂付き個室に4人ずつで泊まったという（２０２０年11月8日付朝日新聞）。

詰め込み授業と過重な宿題

休校による学習の遅れに対し、文部科学省は２０２０年5月15日に通知を出し、学習指導要領で定められた学習内容を「次学年または次々学年に移して教育課程を編成する」ことを認める一方、最終学年の小学6年、中学3年、高校3年は、年度内で必要な指導を終えるよう求めた。指導の工夫として、夏・冬休みの短縮や土曜授業の実施に加え、１コマあたりの授業時間を短くし、１日あたりのコマ数を増やす案も例示した。

6月5日に通知した「『学びの保障』総合対策パッケージ」の中で、文部科学省は「学校の授業における学習活動の重点化」を求めたが、それは学習内容を精選するということではなく、授業時数が足りないために学校で指導できない部分を「授業以外の場」で学ばせるという意味だった。文部科学省はそのために教科書会社の協力を得て、小学6年・中学3年の指導計画について仕分けを行った。例えば国語では、物語文を読んで感想を述べ合う学習は授業内とし、考えをノートに書くことや漢字の学習は授業外でも可能、算数や理科では、図形の学習や実験は授業内、問題の答え合わせや実験結果の分析は授業外でも可能。こうして、教科書のうち約2割分は授業外で学ぶことができるとした。

文部科学省は同時に、5月末まで休校にしていた場合の授業日数は例年に比べ45日程度不足するという試算も明らかにした。その上で、学習の一部を「授業以外の場」にすることで20日程度、夏休みの短縮などで35日程度を、それぞれ取り戻せると想定した。「授業以外の場」での学習とは、要するに宿題のことだ。子どもたちは20日分の授業に相当する宿題を課されることになるわけだ。萩生田文部科学大臣は6月5日の会見で「決して家庭に負担をかけるということではなく、授業以外の場で学習指導員なども活用しながら個別の指導を行う」と強調したが、保護者の負担と家庭環境による学習の格差という問題が、休校中に引き続き残ることになった。

文部科学省は６月12日に成立した２０２０年度第二次補正予算に、小学６年と中学３年が少人数学級で学べるようにするなど学習支援を充実するため、３１００人の教員、６万１２００人の学習指導員、２万６０００人のスクール・サポート・スタッフを追加配置する経費として３１０億円を計上した。さらに、12月21日に閣議決定された２０２１年度予算案では、「補習等のための指導員等派遣事業」を前年の62億円から90億円に増額した。同日の記者会見で萩生田文部科学大臣は、新型コロナの影響で仕事が減った航空業界から、教員免許を持つ客室乗務員を学校現場に受け入れる意向も示したが、その効果は極めて限定的なものだったろう。

夏休みの短縮については、６月23日時点で文部科学省が調査したところ、全国の１７９４の教育委員会のうち95％に当たる１７１０の教育委員会で予定していた。小中学校では20日間以下にする教育委員会が約７割を占めた。最短は小中学校で９日間、高校では４日間だった。また、土曜日を活用する方針を示した教育委員会は３３９で19％だった。

２０２０年の７月には、日本各地で記録的な大雨が降ったため、７月７日時点で熊本、宮崎、鹿児島、広島、静岡、岐阜などで、小中高等学校、幼稚園、大学など５６５校・園が休校・休園していた。熊本県南部では「令和２年７月豪雨」の影響で休校が長期化し、全ての小中学校を7月末まで休校にした自治体もあった。無用な一斉休校を行ったツケが、本当に休校が必要な時に回ってきた感がある。

このような状況の中で、学校教育法施行規則に規定された年間標準授業時数を確保することは極めて困難だ。不幸なことに、2020年度は新学習指導要領の本格実施の年に当たり、小学校6年生の年間標準授業時数は1015時間に増えた。「ゆとり教育」といわれた2010年度までの学習指導要領では945時間だった。少なくとも長期休校で授業日数を失った2020年度に関しては、授業時数の基準をゆとり教育の頃に戻すくらいのことをすべきだった。そのためには、新学習指導要領の内容を全て学習させるという考えを棄てて、学習内容を精選するべきだったのだ。

夏休みの短縮、土曜授業、1日7時間授業などで「詰め込み教育」を行うことは、かえって子どもたちの学習意欲を削ぎ、不登校を助長しただろう。ただでさえ学校で「授業漬け」にしているのに、さらに学校外で「宿題漬け」にすれば、子どもの休息の権利（子どもの権利条約第31条）を奪う「教育虐待」にすらなりかねなかった。

不登校と自殺の増加

一般社団法人「不登校支援センター」では、一斉休校明けの2020年6月下旬から新たな相談が急増したという。例年なら7月は10件ほどだが、2020年の7月は30件を超えた。

日本教職員組合が8月末から9月中旬に小・中・高等・特別支援学校を対象に行った調査では、22・7％が不登校や保健室登校などの子どもが「増えた」と回答した。

長野県教育委員会と信州大学の合同チームが長野県内の公立小・中・高等・特別支援学校を対象に行った調査では、2019年度に不登校ではなかった児童生徒で、学校が再開して以降6月末までの登校日数の半分以上を欠席した者は、小学校91人、中学校156人、高等学校127人、特別支援学校5人、計379人に上った。

小中学校の不登校児童生徒数は、11万2689人まで低下した2012年度を境に年々増え続けている。特にここ数年間は、2017年度14万4031人、2018年度16万4528人、2019年度18万1272人と急激に増えている。その背景には、①「スタンダード」という画一的な行動規範の導入や校則の厳格化、②学習指導要領改訂による学習内容と授業時数の増加、③「学校へは必ず通わなければならない」という意識の希薄化などの事情があると考えられるが、2020年度はこれらに加えて、④長期休校のために生活習慣が崩れたこと、⑤再開後の学校生活に感染防止のための制約が多いこと、⑥学習の遅れを取り戻すための授業や宿題の増加といった事情があるため、おそらく不登校が飛躍的に増えるだろう。さらに、⑦「学校へ行くと新型コロナに感染する危険がある」と恐れる児童生徒や保護者が学校に行かない選択をする「自主休校」と呼ばれる新しいタイプの不登校のケースも見られる。2020年度の不登校の数は2021年度に集計されるが、このままでは史上初めて小中学校の不登校児童生徒が20万人を超える可能性もある。

不登校の増加は学校教育の失敗を意味する。子どもたちが安心して楽しく学校生活を送れるようにすることは、授業時数の確保より重要である。

児童生徒の自殺件数は2020年に激増した。厚生労働省と警察庁が2021年3月16日に発表した「令和2年中における自殺の状況」によれば、2020年中の高校生以下の児童生徒の自殺は499件（小学生14件、中学生146件、高校生339件）で、前年の件数（小学生8件、中学生112件、高校生279件、計399件）に比べて、100件25・1％増加した。

子どもの自殺が増えた原因は一概に特定できないが、コロナ禍で社会全体の不安が高まる中、一斉休校中に家庭内のトラブルや虐待が増えたことや学校再開後の学校生活のストレスなどが原因として考えられる。高校生以下の児童生徒の自殺が対前年同月比で増加に転じたのは2020年6月だったが、この時期はちょうど長期休校から学校が再開した時期に当たる。例年夏休み明けには自殺が増えるから、休校明けと自殺との関係は十分疑われる。しかし、その後も子どもの自殺は増えている。それは学校生活が苦しいからかも知れない。少なくとも確実に言えることは、自殺を図る子どもたちにとって学校が救いの場になっていないということだ。

日本の10代の子どもの死因の1位は自殺だ。その自殺が一斉休校の前後で明らかに増えた。一方、２０２１年7月24日現在、日本の10代以下の子どもの新型コロナによる死者数はゼロだ。子どもの命を守るために大人たちは何をしなければならないか。その優先順位を間違えてはいけない。無責任な一斉休校を押しつけて子どもたちを追いつめた安倍前首相や知事たちの責任は重い。

第5章
奪われ続ける自由

あいちトリエンナーレ問題と表現の自由

ヘイトクライムを助長しているのは誰か

2019年8月1日から開催された国際芸術祭「あいちトリエンナーレ2019」(以下「トリエンナーレ」)における企画展「表現の不自由展・その後」(以下「不自由展」)に対し、FAXで「要らねえだろ史実でもねえ人形展示」「FAX届き次第大至急撤去しろや!!」「さもなくば、うちらネットワーク民がガソリン携行缶持って館へおじゃますんで〜」という脅迫状を送りつけた者がいた。そのため「不自由展」は、わずか3日で中止されてしまった。

この脅迫状を送った堀田修司という59歳会社員の男は8月7日に威力業務妨害の罪で愛知県警に逮捕され、11月14日には名古屋地裁で懲役1年6カ月(執行猶予3年)の刑を言い渡された。彼が「史実でもねえ人形」と呼んだのは、「不自由展」で展示された「平和の少女像」だ。この像は、韓国の彫刻家キム・ソギョン氏とキム・ウンソン氏の夫妻が、いわゆる「慰安婦」の問題を記憶し、声を挙げた元「慰安婦」の女性をたたえるため、2011年に制作したものだという。14〜15歳の少女の像だが、背後に伸びる影は背中の曲がったハルモニ（おばあさん）の姿になっている。握りしめた拳《こぶし》は彼女たちの戦いを表し、はだしの足はその苦難の人生を表しているという。少し浮いたそのかかとは、被害を受けた彼女たちを受け入れなかった韓国社会の偏見を表しているのだそうだ。日本の戦争のために被害を受けた女性に対し、日本政府の責任を問い謝罪を求めるという政治的なメッセージを含む作品だが、性暴力被害者の悲しみや苦しみそして怒りという、より普遍的なメッセージも感じとれる。

この作品の展示を妨害しようと脅迫した男の行為は一種のヘイトクライムだと言ってよい。在日コリアンの人々に対する悪質なヘイトクライムは各所で起こっている。

韓国や在日コリアンに対するヘイトクライムやヘイトスピーチを助長しているのは、安倍・菅政権の嫌韓・嫌朝体質だ。第1章で述べたように、高校授業料無償化から朝鮮高校だけを排除したり、2019年、河野太郎外務大臣（当時）が当時の駐日韓国大使の南官《ナムグァン》杓《ピョ》氏と徴用工訴訟問題について話し合う席上で、突然、カメラの前で「極めて無礼」と相手の発言をさえぎったりするなどといった政権の姿勢が、ヘイトを助長させた。それはアメリカのトランプ前大統領が新型コロナウイルスを「中国ウイルス」などと呼び、米国民の間で嫌中世論を高めたことがアジア系住民へのヘイトクライムを助長した構図に類似している。私はこれを「官製ヘイト」と呼んでいる。

「不自由展」に対する安倍政権による官製ヘイトは、文化庁の補助金の不交付という形で表れた。２０１９年９月26日に萩生田光一文部科学大臣が公表した文化庁「日本博を契機とする文化資源コンテンツ創成事業（文化資源活用推進事業）」（以下「補助事業」）によるトリエンナーレへの補助金約７８００万円の不交付決定だ。それは官製ヘイトを動機とする表現の自由の侵害だった。

文化庁の補助金不交付決定をどう説明したか

２０１９年９月26日に文化庁はトリエンナーレへの補助金不交付の理由を報道発表した。概略は次のとおりだ。

愛知県は、展示会場の安全や事業の円滑な運営を脅かすような重大な事実を認識していたにもかかわらず、それらの事実を申告することなく採択の決定通知を受領した。

これにより、「実現可能な内容になっているか」「事業の継続が見込まれるか」の２点において、適正な審査を行うことができなかった。

かかる行為は、補助事業の申請手続において、不適当な行為であった。

これらを総合的に判断し、補助金適正化法第6条等により補助金は全額不交付とする。

この文化庁の説明にはおかしな点が多々ある。

第1に、そもそも愛知県がその「重大な事実」を「認識していた」というのは事実なのかという点だ。「不自由展」中止の主な理由は会場にガソリンを持っていくなどというテロ予告や脅迫だったが、それを愛知県が実施計画書提出の段階で認識していたとは考えられない。「愛知県は認識していた」というのは、文化庁側の主観に過ぎない。

第2に、仮に愛知県がいずれかの時点で不自由展の安全に対する脅威を認識していたとしても、それを申告する義務があったのかという点だ。実施計画書の様式には安全確保に関する項目はなかったし、文化庁から別途問い合わせた経緯もなく、もともと愛知県は安全確保について申告を求められていなかった。それを「申告すべきだった」というのは後出しの条件であり、その不作為を理由に補助金不交付という不利益処分をするのは、不遡及の原則に反する。

第3に、文化庁は補助金適正化法第6条を補助金不交付の法的根拠としているが、具体的にどの事由に該当するのか不明だ。

同条では、補助金交付の決定に際し、次の点を調査するものとされている。

①補助金交付が法令及び予算で定めるところに違反しないか
②補助事業等の目的及び内容が適正であるか
③金額の算定に誤りがないか
④等（この「等」が何を指すのかは定かではない）

文化庁が言う愛知県の「不適当な行為」はこれら①~③のどれにも該当しない。だとすると④の「等」に該当することになるが、それが具体的にどういう事由なのか全く不明だ。第4に、不自由展を含むトリエンナーレを補助事業として採択した際には外部審査員（6名）による審査を行ったのに、不交付決定にあたっては外部審査員による審査を行わなかったことだ。その理由を文化庁に訊けば、おそらく不交付決定の根拠とした愛知県の「不適当な行為」は「手続きの不備」であって「事業の内容」に関するものではないからだと答えるだろう。しかし文化庁はその「手続きの不備」のせいで「実現可能な内容・事業規模か」「計画期間終了後も事業の継続が見込まれるか」の2点の審査ができなかったと言っている。この2点については、外部審査員が事業の内容を審査した結果、いったん合格という判断をしていたのだから、その判断を覆すためには、まず愛知県の「不適当な行為」が審査結果に影響を与えるかどうかについて、外部審査員の判断を求めるべきだった。その上で、審査結果に影響があると判断されたなら、改めて愛知県から事実関係の申告を求め、それを踏まえて改めて外部審査員による審査をすればよかったのだ。外部審査員に諮《はか》ることなく不交付を決定したのは手続きの瑕疵《かし》である。

外部審査員の一人、野田邦弘鳥取大学特命教授（文化政策）は、不交付決定の前に意見聴取がなかったため「外部審査員の意味がない」として文化庁に辞任を申し出たが、当然の反応だろう。

第5に、この補助金不交付決定の意思決定過程についての記録がないことだ。文化庁は本村伸子衆議院議員からの照会に対し「補助金不交付を決定した審査の議事録はない」と回答し、「庁内部の事務協議で、議事録の対象外」だからだと説明した。

右に見たように、当初の不交付決定の際の文化庁の説明は、根拠が極めて薄弱で説得力に欠けていたと言わざるを得ない。愛知県はこの補助金不交付措置について不服申し立てを行い、裁判も辞さないとしていたが、2020年3月、1100万円を減額した6700万円の交付を受けることで文化庁と合意した。しかしそれで問題が解決したわけではない。なぜこの不交付決定が行われたのかは、依然として問われなければならない問題として残っている。

政治判断ありきの不交付決定

文化庁の説明に説得力がないのは、後付けの理屈だからだ。「この補助金は交付しない」という政治判断が先にあり、後から役人がもっともらしい理由を考えたというのが真相だろう。外部審査員の意見を聴取することもせず、意思決定過程の記録も残っていないのは、まず政治判断ありきだったからだろう。

文化庁は文部科学省の外局であり、文部科学大臣の指揮命令下にある。ただし、予算の執行においては独立性を持っているから、補助金不交付決定の決裁権者は宮田亮平文化庁長官（当時）だった。この決定が宮田氏の主導で行われたとは考えられないが、宮田氏の責任は免れない。不交付決定の決裁者は文化庁の審議官だったという。文化庁の「文書決裁規程」という内部規則には、長官の名前で行う決裁を部下が長官に代わって行う「専決規定」や、長官の部下が長官から決裁権限の委任を受けて自分の名前で決裁を行う「委任規定」があるから、今回の審議官の決裁はそのいずれかの方法で行ったのだろう。しかし、だからといって本来の決裁権者である宮田氏の責任がなくなるわけではないし、決裁文書にハンコを押さなかったとしても、資料に基づいて説明を受け、本来の決裁権者として了解を与えたことは間違いない。宮田氏は国会に参考人として呼ばれて「私は決裁していない」と答弁したが、このような無責任な人が長官の地位にいたこと自体が問題だ。

文化庁長官の上司は文部科学大臣だ。萩生田大臣は「文化庁に指示してはいない」「文化庁から報告を受け了承した」と言っているが、不交付決定の最終的な責任者が萩生田大臣であることは否定しようがない。ただし、萩生田氏が２０１９年9月11日に文部科学大臣に任命される以前に、前任者である柴山昌彦文部科学大臣によって「補助金を出さない理由を考えろ」という指示が事務方に出されていた可能性は大いにある。柴山大臣は、不自由展中止決定より前の8月2日の時点でトリエンナーレについて「確認すべき点が見受けられる」と発言していたからだ。

萩生田大臣は「展示内容と不交付は関係ない」とも言ったが、これは嘘だ。展示内容を問題視した上での判断だったことは間違いない。菅官房長官（当時）は8月2日の記者会見で「審査の時点では具体的な展示内容の記載はなかった」「補助金の交付決定では事実関係を確認、精査した上で適切に対応していきたい」と述べていた。これは明らかに「展示内容」を問題視する考えを示した発言であり、安倍内閣として共有していた姿勢だ。だから萩生田大臣はこの補助金不交付を独断で決めたのではなく、何らかの形（例えば閣議の前後に面談するなど）であらかじめ安倍首相（当時）と菅官房長官の了解を得ていただろうと思われる。補助金不交付は「文化庁の事務方が手続きの不備を理由に決めたこと」ではなく「安倍政権が展示内容を問題視して決めたこと」なのだ。「従軍慰安婦」に関する旧日本軍の関与を否定する歴史修正主義（むしろ「歴史改竄主義」と言うべきだが）や日本国憲法が保障する表現の自由の軽視など、安倍政権のヘイト体質や極右的性格に起因するものと考えざるを得ない。

この補助金不交付措置がもたらした負の影響は大きい。

第1に、テロ予告や脅迫によって気に入らない芸術展を中止させるという不法な行為に事実上加担することになり、こうした行為を勢いづかせることになった。

第2に、政治権力を握る者が公的支援の対象とする芸術文化活動を恣意的に選別してよいという前例を作り、全国の自治体で同様のことが起こる危険性が増した。

第3に、芸術文化関係者の間に、政府の意向に沿わない活動には財政支援が得られないという認識を広め、自由な表現活動を萎縮させた。

芸術文化活動に対する補助金の交付や公的施設の使用許可などの公的支援について、時の政権がその好き嫌いで恣意的に選別を行うようになれば、それは実質的に「検閲」と同じことになり、文化は政治によって統制され、芸術文化活動における表現の自由は息の根を止められてしまうだろう。

もう一つの補助金不交付問題

株式会社スターサンズの河村光庸《みつのぶ》社長は、東京新聞の望月衣塑子記者の著書を原案とする映画『新聞記者』(藤井道人監督、シム・ウンギョン、松坂桃李主演)を製作した人だ。この映画の企画には私も協力したし、劇中座談会の出席者として出演もした。2019年6月に公開されたこの映画は、2020年3月、日本アカデミー賞の最優秀作品賞、最優秀主演女優賞、最優秀主演男優賞を獲得したが、テレビのワイドショー番組などではほとんど紹介されなかった。その理由は映画の内容にある。国家戦略特区を使った大学新設計画にまつわる陰謀を明らかにしようとする新聞記者と秘密を抱えたまま自殺する官僚、正義のために記者に協力しようとする後輩官僚、権力に奉仕するために情報操作を繰り返す内閣情報調査室の幹部などの姿が描かれ、併せて、第3章で述べたジャーナリスト伊藤詩織さんの事件を想起させるサイドストーリーも描かれている。明らかに安倍政権の歪んだ権力行使を告発する内容だったから、政権に首根っこを押さえられているテレビ各局は、この映画を番組で扱うことを躊躇《ちゅうちょ》したのだろう。

河村氏が製作に当たった映画の一つに『宮本から君へ』という作品がある。日本芸術文化振興会(以下「芸文振」)は2019年3月にこの映画に対し1000万円の助成を行うことを内定していた。しかし、この映画に出演していた俳優のピエール瀧が麻薬取締法違反で有罪の判決を受けたことから、「国が薬物の使用を容認するようなメッセージを発信するおそれがある」として、7月に助成金不交付を通知した。この措置を後追いする形で、芸文振は9月に交付要綱を改正し「公益性の観点から不適当と認められる場合」に助成金の交付決定を取り消すことができることとする条項を追加した。河村氏は2019年12月、この助成金不交付決定を不服として裁判を起こした。

2020年2月25日に東京地方裁判所で行われた第1回口頭弁論で、原告側の河村氏は「公益性の観点から適当でない」との理由による助成金不交付決定を行政裁量の逸脱・濫用だと主張し、「日本が法治国家として踏みとどまることを裁判所に問う裁判」だと訴えた。私はこの助成金不交付決定と映画『新聞記者』の公開との関係を疑わざるを得ない。時期が符合しているからだ。安倍政権が河村氏を好ましからざる人物と見ていたことは間違いない。

この裁判は2021年1月27日に結審した。結審後に記者会見した河村光庸氏は「いかに日本の行政が、映画など文化芸術活動をぞんざいに扱っていたか、浮き彫りになった」と訴えた。弁護団の一人、伊藤真弁護士は「今日の文化芸術の表現活動は、国家から干渉を受けないだけでは保障されない。適切な助成があって、表現の自由が確保される。『金を出すかわりに口も出す』ということになると、表現内容がコントロールできるようになってしまう」と述べた（2021年1月27日弁護士ドットコムニュース）。

この伊藤真弁護士のコメントは、現代における表現の自由と国家権力との関係を的確に指摘している。文化の支援に当たっては「金は出すが口は出さない」を原則としなければならないのである。

この裁判は同年6月21日に判決が下され、河村さんら原告が勝訴した。清水知恵子裁判長は、観客が「国は薬物乱用に寛容だ」との誤ったメッセージを受け取るとは認められないとし、芸文振側に助成金交付について広範な裁量があるという主張を退け、助成金の内定取りやめは「合理的理由」がある場合に限られるとし、また、多義的な概念である「公益性」を理由とした不交付は「自由な表現活動の妨げをもたらすおそれをはらむことを否定できない」と述べた。実に真っ当な判決だといえる。

「公益性」という曖昧な概念を根拠として、助成金を出したり出さなかったりできるということになると、政治権力が恣意的に助成対象を選別する危険性がある。個別の事業に対する助成金の交付については、政治権力が介入できない仕組みが必要なのである。

「アーツカウンシル」と「アームズレンクス」

歴史をふりかえれば、芸術文化は古今東西を通じて「パトロン」（支援者）を必要としてきた。富を独占する王侯貴族や大寺院が存在しなくなった現代の民主主義社会において、最大のパトロンは国である。現代の民主国家において権力を握る者は、政党政治の下で有権者の多数の支持を得た政治勢力だ。しかし、権力を握る政治勢力が自ら好む文化のみを支援するようになれば、少数者の芸術文化はその活動の場を失い、表現の自由の保障は空洞化していくだろう。したがって、国家権力を握る政治勢力は支援すべき芸術文化活動を自ら選別してはいけない。どのような芸術文化を支援すべきかは、芸術家、文化人など「その道の目利き」（専門家）の判断に任せることが必要なのだ。

トリエンナーレが採択された文化庁の補助事業は、純粋に芸術の振興を目的とするものではなく、「文化観光資源の創成・展開」「国家ブランディングの強化」「観光インバウンドの拡充」などの経済的・社会的効果を目的とするものだ。しかし、だからといって展示内容を政治的な観点から選別してよいというものではないし、役人の判断で選ぶべきものでもない。芸術文化の価値は芸術文化の世界の中で評価されなければならない。そのために、文化庁では6人の外部専門家を審査員に委嘱して審査を行ったのである。

『宮本から君へ』に交付内定されていた助成金は、文化庁からの補助金を財源として芸文振が交付する「文化芸術振興費補助金」だが、その交付内定にあたっては芸文振の「芸術文化振興基金運営委員会」の下に置かれた「劇映画専門委員会」で審査が行われた。「専門家による審査」は文化助成の基本原則だといってよい。

芸術文化活動に対する公的な財政支援の仕組みとして、第2次大戦後の1946年、イギリスで設置されたのが「アーツカウンシル」だ。アーツカウンシルとは、多様な芸術文化活動を支える機関を指す。反面教師とされたのはナチス・ドイツによる芸術文化の統制と政治利用である。アーツカウンシル初代会長になった経済学者J・M・ケインズは、芸術は本来自由なものだという大前提に立って、芸術文化への政治介入を避けるため、芸術文化活動への支援を政府から一定の距離を置く機関に担わせることの必要性を唱えた。この「一定の距離」は「アームズレンクス（腕の長さ）」と呼ばれる。大枠の方向性や支援の規模は政府が決めるとしても、具体的にどの芸術文化活動を助成するかは芸術文化の世界の専門家（目利き）の判断に委ねる仕組みである。

日本においても、「日本版アーツカウンシル」の構築が文化政策の課題とされてきている。文化芸術基本法に基づき2018年3月に閣議決定された「文化芸術推進基本計画」においては「日本芸術文化振興会は、文化芸術への支援策をより有効に機能させるため、アーツカウンシル（専門家による助言、審査、事後評価・調査研究等の機能）の強化を図る」とされている。こうした方針の下で芸文振の基金部には、専門職員として分野別にプログラムディレクター1名と複数のプログラムオフィサーが配置されている。しかし、この「日本版アーツカウンシル」は、政治から一定の距離を置くことの意義よりも、文化芸術活動の助成に関する計画（Plan）・実行（Do）・検証（Check）・改善（Action）のＰＤＣＡサイクルの確立に主眼が置かれている。また、その分野は文化庁からの補助金「トップレベルの舞台芸術創造事業」がカバーする音楽、舞踊、演劇、伝統芸能・大衆芸能に限られており、多くの補助事業が文化庁直轄で行われている。

さらに、基本計画の前身にあたる「文化芸術の振興に関する基本的な方針（第3次）」（２０１１年2月）では、「従来、社会的費用として捉える向きもあった文化芸術への公的支援に関する考え方を転換し、社会的必要性に基づく戦略的な投資と捉え直す」こととされた。すなわち、芸術そのものの価値よりもその社会的必要性が重視され、文化芸術への公的支援が経済的な価値を生む「投資」として捉えられるようになったのだ。「あいちトリエンナーレ２０１９」に対する補助金も、こうした考え方の下につくられたものだった。

こうした文化政策の動向は、芸術は本来自由なものであり政治が口出しすべきではないというケインズの理念からますます乖離《かいり》する方向にあり、芸術文化に対する政治的統制や政治利用を惹起《じゃっき》しやすい状況を生んでいる。この状況は、表現の自由を尊重する観念が欠如し、政治が芸術文化を支配することになんの躊躇もない安倍・菅政権の下で、いよいよ深刻化している。それはとりもなおさず、ナチス・ドイツの文化政策に近づいていくことにほかならないのである。

人権を多数決で奪うことはできない

国による文化の統制が許されるとすれば、それは憲法上の「公共の福祉」原理による場合以外にはない。「公共の福祉」とは、人権は他者の人権を侵害する限りにおいて制限されるという人権相互間の調整原理のことである。例えば名誉毀損やプライバシーの侵害にあたるような表現は規制されてしかるべきだ。「表現の不自由展・その後」では、先述した「平和の少女像」とともに、昭和天皇の肖像をモチーフの一つとした作品を作家自らが燃やすという映像作品『遠近を抱えて』が物議をかもした。これらの展示作品に不快感を覚える人はいるだろうが、単なる不快感は人権侵害ではない。

これらの作品を「政治的プロパガンダ」であって芸術ではないと思う人もいるだろうが、例えばピカソがナチス・ドイツ軍による無差別爆撃の残酷さを『ゲルニカ』で描いたように、芸術作品に政治的なメッセージが込められることはまれではない。また、これらの作品を「日本人へのヘイト」と呼ぶ人もいるが、ヘイトとは特定の人種、民族、宗教、障がい、職業、性的指向・性自認などのマイノリティに属する人たちに向けられた憎悪や侮蔑を含む攻撃的な言動で、その尊厳を傷つけることだ。これらの作品は人種や民族としての日本人を攻撃したり排斥したりするものではないから、これらを展示することはヘイトではない。

「反日的な作品展に国民の税金を投入するな」と主張する人もいるが、「反日的」という評価はそれを主張する人の主観に過ぎない。むしろ税金を投入する公的な場でこそ、あらゆる多様な表現が許容されなければならない。「愛国的」な人が自分の金で「愛国的」な作品だけ集めて展覧会を開くことは、もちろん憲法で保障された自由な行為だ。

多数の国民が嫌悪する作品は公の場で展示するべきでないという主張もあるが、多数者だからと言って少数者の表現の自由を奪う権利はない。人権を多数決で奪うことはできないのである。

なおも続く表現の不自由

トリエンナーレの不自由展は2019年8月1日の開始から3日目で中止となったが、その原因となった「テロ予告」をした犯人は8月7日には捕まったのだから、その後速やかに再開してもよかったはずだが、トリエンナーレの実行委員会（会長・大村秀章愛知県知事）はなかなか再開しようとしなかった。不自由展の実行委員会は、再開を求める仮処分を名古屋地裁に求めていたが、愛知県が設けた有識者による検証委員会が９月25日に「条件が整い次第速やかに再開すべきだ」とする中間報告を行ったことを受け、30日にトリエンナーレ実行委員会と不自由展実行委員会の間で再開の合意が成立し、不自由展は10月８日からトリエンナーレの最終日である14日まで公開された。しかし、その公開の方法は物々しいもので、初日の入場者は60人に限定され、１回30人のガイドツアー付き鑑賞会の抽選を1日に2回行うというものだった。入場者には事前の教育プログラムを受け、貴重品を除く手荷物を預け、金属探知機のチェックを受けるなどの条件がついていた。

不自由展の再開はもっと早くできただろうし、入場者に過大な制限を加えることなく、警察による十分な警備を行って極力自由な入場と作品鑑賞ができるようにするべきだった。結局「テロ予告」をすれば自由な表現活動とその享受を妨害できるという悪しき前例がつくられた。

２０２１年6月25日から7月4日まで東京都新宿区の民間施設で開催が予定されていた「表現の不自由展・その後東京ＥＤＩＴＩＯＮ＆特別展」は、大声で中止を求める街宣活動が施設周辺で繰り返されるなどしたため、施設側が苦渋の決断として開催を辞退した。

同展実行委員会は別の会場を探し、新たな会場と「貸し出し」を合意したが、その後その新たな会場側からも「近隣への迷惑がかかる」ことを理由に、貸し出し不可と伝えられた。結局この展示会は延期を余儀なくされた。

同様の展示会は2021年7月、名古屋と大阪でも企画されていた。「私たちの『表現の不自由展・その後』」と題された展示会は、名古屋市の施設「市民ギャラリー栄」で7月6日から11日まで開催の予定だった。しかし、この展示会も開始から3日目に中止に追い込まれた。7月8日の朝、会場施設の職員が郵便物を開封したところ、10回ほど爆竹のような破裂音がした。封筒には「不自由展」の中止を求める文書が添えられていたという。名古屋市は安全確保を理由に11日まで施設を臨時休館とした。このため「不自由展」は中止を余儀なくされたのである。河村たかし市長は「ストップするのが市長の責務だ」と述べた。主催団体は再開を要望したが、市は拒否し、そのまま予定の会期が終わった。

自由な表現活動を妨害する行為を理由に、安全確保ができないとして施設利用を不可能にする決定は、不当な妨害行為への加担にほかならない。またしても、レイシスト勢力・ヘイト勢力に「騒げば潰せる」という成功体験を与えたことになる。河村市長の取るべき行為は、展示会の安全を確保し表現の自由を守るため、不当な妨害をする者を抑えることだった。必要であれば愛知県警の協力を求めることも、ためらうべきではなかった。

大阪では、7月16日から18日まで大阪府立労働センター「エル・おおさか」で「表現の不自由展かんさい」が開催される予定だったが、この展示会に会場を貸すなという電話やメールによる抗議が多数押し寄せたり、玄関前で街宣車による大音量の抗議行動が行われたりしたことから、センター側は大阪府と相談の上6月25日「安全確保が難しい」として施設の利用の承認を取り消した。翌26日、吉村洋文大阪府知事は「中身について判断するつもりはない」とした上で「施設の管理運営を考えると、許可を取り消すべきだ」と述べた。しかし、「中身について判断するつもりはない」という吉村知事の発言は額面どおり受け取れない。2019年8月、彼はトリエンナーレの不自由展の少女像などの展示を「反日プロパガンダだ」と評していたからだ。

「不自由展かんさい」の実行委員会は、会場の使用を求めて大阪地方裁判所に対し、センター側の取り消し処分の執行停止を申し立てた。大阪地裁（森鍵一裁判長）は7月9日、この申し立てを認める決定を出した。森裁判長は「警察の適切な警備などによっても混乱を防止することができない特別な事情があるとは言えない」とした上で、「正当な理由がない拒否は憲法の保障する表現の自由の不当な制限につながる」と述べた。センター側は大阪高等裁判所に即時抗告したが7月15日、大阪高裁（本多久美子裁判長）は実行委員会に会場の使用を認めた大阪地裁の決定を支持し、センター側の即時抗告を棄却した。センター側は最高裁判所に特別抗告したが7月16日、最高裁判所第3小法廷（宇賀克也裁判長）はこれを退け、施設の利用を認める司法判断が確定した。この件に関しては、裁判所がまともに機能したということだ。大阪府警が厳重に警備する中で、「表現の不自由展かんさい」は予定どおり7月16日から18日まで平穏に開催された。

私たちの社会は、人種差別や民族差別を許し表現の自由を蔑ろにする社会でいいのか。私たちの国は、政府や自治体の長が率先して差別行為を煽《あお》るような国でいいのか。差別的な言論や差別的な示威行動は、表現の自由の限界を超えた行為だ。「表現の不自由」はそうした行為を繰り返す者にこそ課されるべきである。差別的言動を禁止し、違反者を罰する法律がぜひとも必要だと私は考える。

日本学術会議問題と学問の自由

日本学術会議に及んだ人事支配

「ついにここまでやったか」

２０２０年10月、日本学術会議（以下「学術会議」）の新規会員6人の任命を菅首相が拒否したというニュースを聞いた時、私がまず思ったことだ。次々に国家機構を私物化してきた安倍・菅政権が、ついに学問の自由の世界まで我が物にしようとしたと感じたのだ。

前述のとおり、第2次安倍政権で一貫して官房長官の座にあった菅義偉氏は、人事権をフル活用して官邸権力の維持・拡大を図ってきた。各府省の事務次官や局長に、官邸に従順な人物を登用し、異を唱える人物を排除する人事を繰り返した結果、今や各府省幹部はみな「忖度《そんたく》官僚」となり、霞が関官僚集団は何でも官邸の言うことを聞く「何でも官邸団」になり下がったことはすでに述べた。人事による支配は、内閣法制局や人事院など、一定の独立性を持つ行政機関にも及んだ。

官邸は、審議会委員人事にも口を出してきた。私が文部科学事務次官としてそれを身をもって経験したのは2016年8月の文化功労者選考分科会の委員人事での「任命拒否」だ。この人事は閣議了解の手続きが必要なので、私は委員予定者のリストを杉田和博内閣官房副長官の下へ持っていった。すると1週間ほどしてから杉田氏に呼ばれ、2人の差し替えを指示された。1人は「安全保障関連法に反対する学者の会」のメンバー、もう1人はメディアで政権批判的な発言をした文化人だった。杉田氏からは「こういう人物を持ってきては困る、文部科学省であらかじめチェックしてから持ってくるように」と注意された。

学術会議の会員任命拒否は、このような審議会委員人事の延長線上にあると思われる。6人の学者が安倍政権の政策に批判的な言動を示したことが任命拒否の理由であることは間違いない。

任命拒否に至るプロセスはおおむね次のようなものだったろう。

2020年8月末に学術会議が内閣府に推薦者名簿を提出。↓内閣府はそれを杉田官房副長官に説明。↓杉田氏は名簿に登載された候補者全員について、その言動を調査するよう内閣情報調査室に指示。↓2〜3週間後、内閣情報調査室が杉田氏に調査結果を報告。↓杉田氏は調査結果を見て、特に「問題」のある6人を特定。↓杉田氏が菅首相に、6人の排除を含め学術会議会員の任命について報告（菅首相が杉田氏から報告を受けたのが9月24日の決裁文書起案日より前だったことは、菅氏自身が国会で答弁している）。↓菅氏は杉田氏の進言どおりに6人の排除を決定。↓杉田氏が菅氏の決定どおり、6人を除いて決裁文書を起案するよう内閣府に指示（この時、杉田氏が除外する候補者を伝達したことを示す文書の存在が明らかになっている。そこには手書きで「外すべき者（副長官から）」と明記され、横には「R2・9・24」と日付も記されていた。その文書の本体部分は黒塗りにされていた）。↓内閣府が杉田氏の指示どおりに決裁文書を起案。↓決裁文書に菅氏が印を押したのが9月28日。

学術会議は政府に対し繰り返し6人の任命を求めている。2021年4月22日には総会で「6人の候補者を即時任命するよう要求する」という声明を決定した。4月26日には任命を拒否された当事者である小沢隆一東京慈恵会医科大学教授（憲法）と岡田正則早稲田大学教授（行政法）が記者会見し、6人の任命拒否について内閣府と内閣官房が保有する個人情報について、行政機関個人情報保護法に基づく自己情報開示請求を行ったことを明らかにした。開示を求めた文書の中には、杉田官房副長官と内閣府の間でなされたやりとりの記録や任命しなかった根拠や理由が分かる文書全てが含まれていた。この自己情報開示請求に対して内閣府は6月21日、「公正かつ円滑な人事の確保に支障を及ぼす恐れがある」として、文書の存否すらも明らかにしない回答を行った。内閣官房は「個人情報を保有していない」と回答した。小沢教授と岡田教授は7月8日に改めて記者会見を行い、政府の決定に対し6人が行政不服審査法に基づく審査請求を行う方針を明らかにした。

違法・違憲の任命拒否

菅氏も杉田氏も、学術会議会員の任命を審議会委員の任命と同じようなものだと安易に考えていたのではなかろうか。そうだとすれば、とんでもない思い違いだ。審議会委員の任命権は政府側にあるが、学術会議会員の実質的な任命権は学術会議自身にあるからだ。日本学術会議法により、学術会議の会員を選考し、推薦するのは学術会議自身の権限とされている。内閣総理大臣はその推薦に「基づいて」任命すると規定されているが、「基づいて」という法令用語は強い拘束性を意味するから、首相の任命権が形式的なものであることは法文上明らかだ。首相の任命権が形式的なもので裁量の余地がないことは、1983年の中曽根康弘首相（当時）の国会答弁以来政府の解釈だった。この6人の任命拒否は日本学術会議法に違反しているのである。

会員人事の自律性が法律で定められているのは、学術会議の独立性を担保するためだ。そして学術会議の独立性が必要なのは、学術会議の意思形成において学問の自由に基づく自由な議論が不可欠であり、そこに政治の介入があってはならないからである。会員人事の自律性を侵害することは、学術会議の独立性を侵害することであり、学術会議の独立性を侵害することは、その独立性によって守られている学問の自由を侵害することなのである。菅氏や杉田氏には、そのことが全く理解できないのだろう。彼らには、科学への敬意も学問の自由を尊重する観念も欠如していた。

菅首相は6人の学者の任命を拒否した具体的な理由を説明しようとしなかった。説明しない理由は「個別の人事だから」だというが、それ自体全く理由になっていない。第3章で述べたように、菅氏自身が自著『政治家の覚悟』の中で、総務大臣の時にNHK担当課長を「更迭した」個別の人事について、その理由を詳細に説明しているではないか。

菅氏は6人一人一人についての個別の理由を説明しない代わりに、総論的な説明はいろいろな言葉で行った。初めは「総合的、俯瞰的活動を確保する観点から判断」と説明していたが、受けが悪いと見ると「広い視野に立ってバランスの取れた行動を行うべきことを念頭に判断」などと言い換え、さらに「民間出身者、若手研究者、地方の会員も選任される多様性が大事」「旧帝国大学に所属する会員に偏っている」などと説明した。多様性が大事だと言いながら、若手や女性や私学に属する学者を排除したのだから、言っていることとやっていることが明らかに矛盾していた。菅氏のこうした言い訳をいちいちまともに受け止める必要はない。もっともらしい言葉でごまかそうとしているだけなのだ。任命を拒否した本当の理由を言うことができないから、支離滅裂な説明しかできなかったのである。

菅首相が「会員に偏りがある」「多様性が大事だ」とどれだけ言っても、首相に選考権はない。優れた研究または業績がある科学者のうちから会員候補者を選考するのは学術会議だ。選考の際には多様性も考慮するだろうが、その権限は専《もっぱ》ら学術会議にある。選考権と任命権は別の権限だ。選考権のない首相には、会員の選考について何らの発言権もないのである。

任命拒否の本当の理由は誰の目にも明らかだ。それはこの6人が政権を批判したということである。安全保障関連法、共謀罪法、特定秘密保護法といった人権や平和を脅かす立法に反対したということである。6人の学者はそれぞれの学問的良心に基づいて発言し、行動した。その発言や行動を理由に「任命拒否」という不利益を与えることは、この6人の学問の自由と表現の自由を直接侵害する行為である。

学術会議の会員人事への介入は、菅政権で初めて起きたことではない。すでに安倍政権下の2018年、欠員補充の会員人事で学術会議が推薦した人物に官邸が難色を示したが、そのときも理由は示されず、最終的には欠員とせざるを得なかったと、当時会長だった山極壽一氏（人類学者／前京都大学総長）が語っている。

安倍氏や菅氏に欠けているのは、科学への敬意や学問の自由を尊重する観念だけではない。彼らには、かつての保守政権が持っていた、異論を包み込む懐の深さがない。彼らには味方と敵しかいない。異論に耳を傾ける度量は全く持ち合せていないのだ。異論を唱える者は即ち敵であり、敵は徹底的に叩き、排除するのが安倍政権・菅政権を通じた本質的な性質なのである。

学術会議への攻撃

学術会議会員の任命拒否に対しては、たくさんの学会や団体が抗議の声を挙げたが、それに対抗するように一部の政治家や「識者」の間で、学術会議自体を攻撃する言説がにわかに増えた。中には悪質なデマもあった。自民党の長島昭久氏やフジテレビで解説委員を務める平井文夫氏は、学術会議会員が退任後、学士院会員になり終身年金を得ると発言した。元大阪市長でテレビコメンテーターの橋下徹氏は、米英の学者団体に「税金は投入されていない」と語り、自民党の甘利明氏は「学術会議が中国の千人計画に積極的に協力している」と発信した。これらはいずれも事実に反していた。菅首相は「現会員が自分の後任を指名する」と言ったが、実際には多くの候補者の中から選考委員会が選考する。自民党の下村博文氏は「学術会議が答申を出していない」と言ったが、それは政府が諮問しなかったからだ。ことさらに学術会議に問題があるかのように印象づけようとする試みが政権周辺で行われた。

そういう印象操作を背景にして、菅首相は6人の任命拒否を放置したまま、学術会議の組織改編を進めようとしている。井上信治科学技術担当大臣は2020年11月9日、学術会議の在り方に関し、総合科学技術・イノベーション会議（CSTI）の民間議員と意見交換した。産業界と学界の緊密な連携や産業界出身の会員の増員などについて話したという。その上で井上大臣は11月26日、学術会議の梶田隆章会長と面談して学術会議を国の機関から切り離すことを提案した。自民党のプロジェクトチームは12月11日、2023年9月（次期会員改選期）までに学術会議を政府から独立させるよう提言し、新たな組織形態として「独立行政法人、特殊法人、公益法人など」を例示した。

しかし、学術会議はもともと「政府」からは独立している。法人化しなければ政府から独立させられないという認識が間違っている。法人化されれば学術会議の地位は低下し、その発言力は弱体化するだろう。学術会議は2021年4月8日、その組織のあり方について「現行の国の機関から変更する積極的な理由を見いだすことは困難」とする報告書案をまとめ、4月22日の総会でこの報告書を決定した。「学者の国会」と呼ばれる学術会議は、政府から独立し、政府に対する勧告権を持つ国家機関であることに意義がある。新型コロナウイルス対策に見られるような科学軽視の政治を正すためにも、学術会議は国家機関として存置すべきである。そして組織の在り方を検討するとしても、それは全て6人を任命してからだと主張し続けるべきである。

学術会議の報告書に対して、4月30日、井上大臣は記者会見で、学術会議の在り方の見直しをCSTIの有識者懇談会で検討する方針を示した。CSTIは、経済財政諮問会議や国家戦略特別区域諮問会議と同様、内閣府設置法に基づいて内閣府に置かれる「重要政策に関する会議」の一つであり、その議長は内閣総理大臣で、議員には官房長官、科学技術担当、総務、財務、文科、経産の各大臣のほか7人の「有識者」と「関係機関の長」として学術会議の会長が充てられている。有識者は企業人が3人、自然科学系研究者が3人（1人は研究開発法人理事長、1人は国立大学法人学長）、残る1人は「大学は公共財ではない」と言って憚《はばか》らない経済学者だ。CSTIは、その構成から分かるように、政権と一体化した機関である。政権からの独立性を組織の基本とする学術会議の在り方を検討する場として不適当だ。

菅政権は、3年ごとに行われる学術会議の会員人事に介入し時間をかけて骨抜きにするよりも、法律改正により一挙に解体してしまう方が手っ取り早いと考えているのだろう。「鳴かぬなら殺してしまえホトトギス」ということだ。

学術と科学技術とは別物

そもそも、ＣＳＴＩが所掌分野とする「科学技術・イノベーション」の観点から「学術」に関わる組織の在り方を論じることが誤りだ。両者は根本的に性質が異なる。「学術」は「科学」とほぼ同義の言葉だが、それは「科学技術」ではない。いわんや「イノベーション」でもない。日本で「科学技術」という時、それは「科学」と「技術」という二つの概念を並列した言葉ではなく、「科学を応用した技術」という意味の一つの概念を表す言葉だ。「科学技術」と「学術」は表面上は重複するし、同じ研究が両者の性格を併せ持つ場合も多い。しかしその本質は全く異なる。それは結局、お金になるかならないかの違いだ。「学術」は真理を追究する営みである。真理は万人に開かれている。真理に知的財産権を付与して私有化することはできないし、値段を付けて売り買いすることもできない。

ノーベル物理学賞を受賞した故小柴昌俊氏はニュートリノの観測に成功したが、それ自体に経済的価値はない。小柴氏自身２００２年のノーベル賞受賞決定の翌日に、ＮＨＫのインタビューで「先生のご研究はどのようなことに役に立つのか教えてください」と問われて「まあ普通の生活には全く役に立ちませんね」と答えたという。しかし、その役に立たない研究のために多額の税金で巨大観測装置「カミオカンデ」がつくられた。現在は学術会議のマスタープランに基づいて、「ハイパーカミオカンデ」がつくられている。経済的な見返りを期待しないのが学術なのだ。「useless（役に立たない）」だとしても「valuable（価値のある）」なのが科学の成果なのだ。学術（科学）は真理を探究すること自体に意味がある。そして、学術（科学）は「役に立たない」ものであっても真理の発見という価値を生み出す。科学技術は、必ず何かの役に立つ（useful）ことを目的とする。そこが学術（科学）と科学技術の違いである。

文部省と科学技術庁の統合の際、文部省の学術行政担当者の多くが反対した。学術が科学技術に従属することを恐れたのだ。その抵抗の跡は、科学技術・学術政策局、科学技術・学術審議会、科学技術・学術政策研究所などの組織名称に残っている。学術は科学技術に含まれる概念ではないから、わざわざ二つの言葉を並べて「・」（ナカグロ）で繋《つな》いだのだ。

学術会議の在り方はまず科学者たちが議論すべきだ。政治家や経済人は科学を何かに役立てようとする。そうすれば必ず役に立たない研究、金にならない研究は切り捨てられる。学術会議の在り方は科学それ自体の価値を知る科学者によって決められるべきだ。科学者を差し置いて政治家や経済人が議論すべきではない。

軍事的安全保障研究に関する声明

安倍政権・菅政権がこれほどまで学術会議に敵対的なのはなぜか。学術会議はたくさんの提言を出して政府に注文をつけているが、それを嫌っているのだろうか。そうではない。なぜなら政府はそれらの提言をほとんど無視しているからだ。その限りでは、今の政府にとって学術会議はあってもなくてもいい存在なのだ。政権にとって問題なのはただ一点、学術会議の軍事研究に対する姿勢だけなのである。

日本学術会議は1948年に制定された日本学術会議法によって設立され、1949年1月に第1回総会が開かれた。この総会で「日本学術会議発足にあたって科学者としての決意表明」が採択された。そこには次のような言葉が記されていた。「われわれは、これまでわが国の科学者がとりきたった態度について強く反省し、今後は、科学が文化国家ないし平和国家の基礎であるという確信の下に、わが国の平和的復興と人類の福祉増進のために貢献せんことを誓うものである」。この言葉には、1945年の敗戦に至る戦争の間、科学が戦争遂行という国策に動員された過去を繰り返すまいとする決意が表れている。そして、学術会議はこれまでに2度、軍事研究は行わないとする声明を出している。1度目は1950年4月に発した「戦争を目的とする科学の研究には絶対従わない決意の表明」

と題する声明だ。第2次世界大戦の傷跡が癒えない中、朝鮮半島では1948年に大韓民国と朝鮮民主主義人民共和国（北朝鮮）が建国され、1949年には中華人民共和国が成立して、北東アジアにおける軍事的緊張が増していた時期である。実際にこの声明の2カ月後の6月に朝鮮戦争が始まった。2度目は1967年10月に発した「軍事目的のための科学研究を行わない声明」だ。ベトナム戦争のさなか、米軍による日本の大学研究者への資金提供が明るみに出たことがその背景にあった。

2017年3月、学術会議は「軍事的安全保障研究に関する声明」を出し、その中で「近年、再び学術と軍事が接近しつつある」との認識の下、上記の「2つの声明を継承する」と表明した。具体的な契機となったのは2015年度予算で防衛装備庁が始めた「安全保障技術研究推進制度」である。初年度3億円だった予算額は、2年目に6億円と倍増、3年目の2017年度には一挙に110億円に激増した。学術会議はこの制度への対応について激論の末この声明をまとめたのである。

この声明は同制度を「政府による研究への介入が著しく、問題が多い」と評価した上で、大学等の研究機関が「軍事的安全保障研究と見なされる可能性のある研究について、その適切性を目的、方法、応用の妥当性の観点から技術的・倫理的に審査する制度を設けるべきである」とし、「学協会等において（中略）ガイドライン等を設定することも求められる」

としている。この声明は必ずしも安全保障技術研究推進制度を全否定するものではなかったが、同制度に対して極めて警戒的で慎重な姿勢を示したことは確かだ。この声明は明らかに、同制度への大学からの応募を抑制する効果を持った。この制度への大学等（大学、高等専門学校及び大学共同利用機関）からの応募件数とその割合は、２０１５年度は１０９件中58件で53％、２０１６年度は44件中23件で52％と半数を超えていたのだが、２０１７年度になると１０４件中22件で21％、２０１８年度は73件中12件で16％、２０１９年度は１０１件中９件で９％、２０２０年度は１２０件中９件で８％と、年を追うごとに減ってきた。軍事研究を推進したい政権側にしてみれば、学術会議はその最大の障害なのだろう。

無関心な若者と声を挙げる人たち

学術会議の独立性・自律性という砦が破られれば、砦が守る学問の自由が侵される。これを放置すれば、国立大学法人の申出に基づいて行われる学長の任命も、文部科学大臣が拒否するかも知れない。萩生田文部科学大臣は２０２０年10月13日「申出に形式的な違法性がある場合や明らかに不適切と客観的に認められる場合」には、任命しないことが「ないとは言えない」と発言した。学術予算においても、「反日的」な研究に科学研究費補助金を出すなという自民党の杉田水脈《みお》衆議院議員のような考えが、今後政府の方針にならないとも限らない。

しかし一般市民の間には、これは学者と政治家の間の問題だ、自分たちには関係ないといった雰囲気がある。私が呆然としたのは、2020年11月7日に行われた毎日新聞の世論調査だ。18歳から29歳までの若者のうち、学術会議の会員任命拒否が「問題とは思わない」が59%もいて、「問題だ」は17%しかいなかった。この無関心、無自覚はかなり心配だ。

この若者の無関心には、学校での人権教育や憲法教育が不十分であることにも原因があると思う。日本で人権教育というと、どうしても「差別反対」や「生存権保障」という方に重きが置かれがちだ。平等権も社会権も重要な人権だが、それ以上に自由権は大事だ。その自由の価値を学ぶための人権教育が決定的に不足しているのだと思う。

2018年から始まった小学校の道徳科の教科書に「うばわれた自由」という読み物がある。舞台は封建時代の欧州とおぼしき架空の国。森の番人ガリューは、きまりを破って勝手に狩りをした王子ジェラールを咎《とが》めたため、牢屋に入れられる。ジェラールは王になってからもわがままに振る舞ったため、裏切りに遭い囚われの身となる。牢屋でガリューに再会したジェラールは、自らのわがままを反省する。

物語の最後はこうだ。

しばらくして、ガリューはろう屋から出されることになった。ろう屋を出るとき、ガリューはジェラール王をふり返り、「あなた様も、きっとそこから出られる日が来るでしょう。そうしたら、ご一緒《いっしょ》に、本当の自由を大切にして、生きてまいりましょう」と、言って、去って行った。

この教材は学習指導要領の「自由を大切にする」という徳目に対応するものだ。物語の中に「本当の自由を大切に」という言葉が出てくるが、本当の自由の価値については全く何も語っていない。「きまりを守れ」と言っているだけだ。こんな教材で「自由」を教えられた子どもたちは、自由が奪われても気がつかなくなるだろう。

２０２０年10月５日には、映画監督の是枝裕和氏や森達也氏、俳優の古舘寛治氏、俳優で配給会社太秦の代表の小林三四郎氏ら22人の映画人が学術会議の会員任命問題に対して抗議声明を出した。「この問題は、学問の自由への侵害のみに止まりません。これは、表現の自由への侵害であり、言論の自由への明確な挑戦です」「今回の任命除外を放置するならば、政権による表現や言論への介入はさらに露骨になることは明らかです」とし、声明文の中にナチスに弾圧された牧師マルティン・ニーメラーの言葉を引用している。共産主義者が攻撃され、社会民主主義者が投獄され、労働組合員が攻撃されても、自分は関係ないから声をあげずにいたというニーメラーの言葉は、「そして彼らが私を攻撃したとき、私のために声をあげる人は一人もいなかった」という一文でしめくくられている。

　ニーメラーがドイツで経験した事態は、１９３０年代の日本でも起きたことだ。「國體《こくたい》明徴運動」が激しくなり、それまで通説とされていた美濃部達吉の「天皇機関説」が異端の学問として排斥された。「國體の変革」を目指す共産主義や無政府主義の取り締まりを目的とした治安維持法は、その適用範囲が拡大されて自由主義者や宗教活動家にまで及んだ。軍部が国家権力を握り、議会政治は無力化した。それと同様のことが現代の日本で起きないという保証はない。自分には関係ないと思っていると、いずれ自分の自由が奪われる事態になる。ニーメラーの轍《てつ》を踏んではいけない。日本国憲法第12条は「この憲法が国民に保障する自由及び権利は、国民の不断の努力によつて、これを保持しなければならない」と警告している。この警告を再認識すべきである。

学問の自由と教育の自由

「学問」という言葉の意味

「学問」という言葉は、現代では大学教授が行う難しい研究という意味で使われることが多い。「学問の自由」も、憲法学の大学教授が書いた本では、大学や研究機関の教員や研究者の研究の自由、研究発表の自由、教授の自由のことだなどとある。つまり、科学雑誌や学会誌に載る論文のような内容を考えたり、教えたりする自由のことだと考えられている。

しかし、学問の自由は基本的人権の一つだ。基本的人権は、全ての人が人であるが故に生まれながらに持っている権利のことだ。ならば、学問の自由も大学教授しか持っていないということにはならない。小学校や中学校や高等学校の教師も学問の自由を持っているし、小学生や中学生や高校生も学問の自由を持っている。

もともとの日本語では「学問」という言葉は、「学ぶこと」全てを指していた。福沢諭吉は１８７２（明治５）年に書いた『学問のすゝめ』初編で「いろは四十七文字を習」うことも学問だと書いている。同じ年に明治政府が発布した「学制」に伴い発出された太政官布告「学事奨励ニ関スル被仰出書《おおせいだされしょ》」（学制序文）には「学問ハ身ヲ立ルノ財本（学問は生計を立てるための元手）」の言葉が見える。つまり小学校で学ぶことも学問なのだ。

だから私は「学問の自由」とは、「誰にとっても学ぶことは本来自由な行為である」という意味だと考えている。公教育として行われる学校教育においても、何をどのように学ぶかは、本来自由なのである。

学校で学ぶ内容は「教科」に分かれているが、それぞれの教科の背後には人類が何千年もの間積み重ねてきた学問や芸術の成果がある。古今東西の人々の精神活動の結晶の中から、その精髄を抽出して再構成したものが教科なのである。そして現代にまで至るその精神活動は全て自由な営みとして行われたものであった。学問の自由や表現の自由があって初めて学問や芸術は成立するのである。

確かに文部科学省は学習指導要領の策定や教科書検定といった方法によって、学校教育の内容に介入している。しかし、それも学問の自由に立脚していなければならない。自由な学問的批判の中で検証された学問的成果に基づいたものでなければならない。政治家や官僚が教科の内容を恣意的に決めてはならないのである。

「集団自決」教科書検定問題

２００６年度に行われた高校日本史の教科書検定は、学問の自由に立脚しない、政治的に歪められた検定だった（以下、事実関係の多くは沖縄タイムス社編『挑まれる沖縄戦―「集団自決」・教科書検定問題報道総集』〈２００８年〉による）。

発端は２００７年3月30日、文部科学省による高校日本史教科書検定結果の発表だった。沖縄戦でのいわゆる「集団自決」（強制集団死）について、従来の検定が認めていた、日本軍による命令や強制があったという趣旨の記述を、削除させる検定が行われたのだ。「日本軍に集団自決を強制された人もいた」は「集団自決に追い込まれた人々もいた」（清水書院）に、「日本軍は、（中略）日本軍のくばった手榴弾で集団自害と殺しあいをさせ（た）」は「日本軍のくばった手榴弾で集団自害と殺しあいがおこった」（実教出版）に、「日本軍に『集団自決』を強いられた」は「追いつめられて『集団自決』した」（三省堂）に、それぞれ変えられていた。4月6日には沖縄県で緊急抗議集会が開かれた。抗議の声は日を追って高まり、9月29日の11万人を超える「教科書検定意見撤回を求める県民大会」へとつながった。

異変は前年に起きていた。文部科学省の教科書調査官が教科書執筆者らに対し「軍からの強制力が働いたと受け止められる記述は困る」と言って、記述の修正を求める検定意見書を手渡したのは、2006年12月だった。検定意見は教科用図書検定調査審議会（以下「教科書審議会」）に諮って決定されるが、2006年10月と11月に2回開かれた日本史小委員会では、「集団自決」の記述について委員から意見が出ず、教科書調査官が示した原案（調査意見書）がそのまま通っていた。日本近現代史を専攻する教科書調査官、照沼康孝氏と村瀬信一氏は、両名とも伊藤隆東京大学名誉教授の門下生だった。伊藤氏は、従来の歴史教科書を「自虐史観」と批判する「新しい歴史教科書をつくる会」創設時（1996年）の理事であり、同会から分かれて2006年10月に発足した「日本教育再生機構」の代表発起人であり、育鵬社の歴史教科書の監修者だった。

しかし、教科書調査官だけでは前例を覆す検定はできない。前例踏襲を重んじる官僚（文部科学省の局長、課長、企画官など）の同意が必要だ。それができたのは、2006年9月に第1次安倍内閣が発足したからだろう。安倍晋三氏は歴史修正主義者だ。1997年に教科書の「慰安婦」記述の削除や検定基準の「近隣諸国条項」削除などを求めて結成した「日本の前途と歴史教育を考える若手議員の会」の初代事務局長だった。「集団自決」に軍の命令や強制がなかったとすれば安倍首相（当時）の意に添う。それを官僚たちは十分了知していた。

当時私は文部科学省の大臣官房総務課長で、その後、初等中等教育局（初中局）の審議官になったが、教科書は担当しなかったので、この検定の具体的経緯は知らない。しかし何があったのかは、ある程度想像できる。「官邸への忖度」か「官邸からの指示」か、どちらかがあったのだろう。指示があったとすれば、内閣官房副長官だった下村博文氏からだった可能性がある。当時の文部科学大臣は伊吹文明氏だったが、そばにいた私から見て、伊吹氏が検定方針変更に関与した可能性はない。

この問題は安倍首相退陣後の２００７年12月、福田康夫内閣の渡海紀三朗文部科学大臣の下、出版社からの「訂正申請」を認める形で一応の決着を見た。「日本軍の関与のもと、（中略）集団自決に追い込まれた」（清水書院）、「強制的な状況のもとで、住民は、集団自害と殺しあいに追い込まれた」（実教出版）、「最近では、集団自決について、日本軍によってひきおこされた『強制集団死』とする見方が出されている」（三省堂）など、「軍の関与」を示す記述は認められた。しかし、「軍の強制」を認めない検定意見は未だに撤回されていない。

教科書検定は政治に左右されてはならない。教科書検定が合憲であり得るのは、学問に基礎を置く限りにおいてであり、検定意見は学説状況を踏まえなければならない。だから、教科書審議会の委員にも教科書調査官にも、それぞれの分野の学者を充てている。その人選は一派に偏してはならないが、日本近現代史の分野では、その人選にすでに政治の意思が反映していたのだろう。

私は教科書検定制度はあってよいと考える。検定がなくなると、歴史修正主義、皇国史観、「國體」思想が丸出しの歴史教科書が出現する危険がある。しかし、検定の仕組みは大きく見直すべきだ。検定を文部科学省から切り離して合議制機関の権限とし、その委員の人選は日本学術会議から推薦を得るなどして政治介入が起こりにくくし、教科書調査官の人選も、同様に複数の学会から推薦を得るなどして、特定の師弟関係に支配されないようにすべきだろう。

教育の自由の保障

日本国憲法には「教育の自由の保障」に関する条文はない。しかし、それは「学問の自由」から導かれる。まず子どもたちが学ぶ自由を持っている。それを助けるのが教育であり、それが教師の仕事だが、その教師たちも学ぶ自由を持っている。だから、教育の現場には自由がなければならない。

かつて「教育の自由の保障」を謳《うた》った憲法草案があった。1881(明治14)年ごろに書かれた五日市憲法草案である。その第76条にはこう規定されている。

「子弟ノ教育ニ於テ其学科及教授ハ自由ナル者トス然レトモ子弟小学ノ教育ハ父兄タル者ノ免ル可ラサル責任トス」（子どもの教育において、どのような教育内容をどのような教育方法で教えるかは自由である。しかし、子どもに小学校の教育を受けさせることは、保護者の免除できない責任とする）

この五日市憲法草案については、美智子皇后（現・上皇后）が２０１３年10月20日の79歳の誕生日に際し、「宮内記者会の質問に対する文書ご回答」として発表された文章の中で、「この1年、印象に残った出来事やご感想」をとの問いに答える中で次のように言及された。

「5月の憲法記念日をはさみ、今年は憲法をめぐり、例年に増して盛んな論議が取り交わされていたように感じます。主に新聞紙上でこうした論議に触れながら、かつて、あきる野市の五日市を訪れた時、郷土館で見せて頂いた『五日市憲法草案』のことをしきりに思い出しておりました。明治憲法の公布（明治22年）に先立ち、地域の小学校の教員、地主や農民が、寄り合い、討議を重ねて書き上げた民間の憲法草案で、基本的人権の尊重や教育の自由の保障及び教育を受ける義務、法の下の平等、更に言論の自由、信教の自由など、２０４条が書かれており、地方自治権等についても記されています。当時これに類する民間の憲法草案が、日本各地の少なくとも40数か所で作られていたと聞きましたが、近代日本の黎明期に生きた人々の、政治参加への強い意欲や、自国の未来にかけた熱い願いに触れ、深い感銘を覚えたことでした。長い鎖国を経た19世紀末の日本で、市井の人々の間に既に育っていた民権意識を記録するものとして、世界でも珍しい文化遺産ではないかと思います」(出典:宮内庁ホームページ)

2013年といえば、前年の暮れに第2次安倍内閣が成立し、安倍首相(当時)が盛んに憲法改正を口にしていた年だ。当時の美智子皇后が「新聞紙上で触れた論議」の中には、2012年4月に公表した自民党憲法改正推進本部作成「日本国憲法改正草案」も含まれていただろう。美智子皇后は当時、こうした改憲論に危惧の念を抱いたのだと、私は想像する。人権、自由、平等、地方自治、政治参加、民権意識といった言葉を敢えて挙げているのは、人権抑圧的で国権主義的な自民党草案を牽制する隠れた意図があったのではないかと想像する。特に、教育行政の仕事をしてきた私にとって強烈だったのは「教育の自由の保障」という言葉だ。教育の内容・方法の自由を保障する条文は、日本国憲法にはない。むしろ従来国は、代議制民主主義に基づき、国家権力が国民の負託を受けて、教育の内容・方法を定めることができる(国家の教育権)と主張してきた。日本国政府の立場に立てば、憲法上教育の自由は保障されていないのである。当時、美智子皇后が敢えて教育の自由の保障に言及したことにも、私は隠れた意図があるように思える。神社本庁などの日本会議系団体が主張する教育勅語復活論への牽制だったのではないだろうか。

教育の自由を侵害する行為を、教育基本法は「不当な支配」と呼んでいる。日本国憲法に反する文書である教育勅語の道徳を教えろと、文部科学省や教育委員会が命令したら、それは紛れもなく不当な支配なのである。

学校現場での日の丸・君が代の強制は、思想・良心の自由の侵害に当たると私は考えている。しかし、最高裁判所の判決はそうは言っていない。思いだすのは平成の明仁天皇が2004年10月、秋の園遊会で言われた言葉だ。将棋の永世棋聖で当時東京都の教育委員だった米長邦雄氏が「日本中の学校で国旗を掲げ、国歌を斉唱させるというのが私の仕事でございます」と言ったのに対し、明仁天皇は「やはり、強制になるということでないことが望ましいと（後略）」と言われた。米長氏は「ああ、もう、もちろんそうで。本当に素晴らしいお言葉を頂きまして、ありがとうございました」と畏《おそ》れ入るしかなかった。この天皇の発言は、憲法第19条に規定される思想・良心の自由という人権への深い理解に基づく発言だと思う。

先の天皇・皇后は自由の価値をよく知っている人たちなのだと思う。天皇が政治に関わる権能を持たないことを承知で言うのだが、こういう人たちが総理大臣だったり文部科学大臣だったりしたら、学校はもっと自由な場所になっていただろう。今学校現場ではますます自由がなくなっている。抑圧的で生きづらい状況が、児童生徒にも教職員にもある。

学校に自由を取り戻さなければならない。

本当の自由とは何か

２２５ページで、道徳の教科書に出てくる「うばわれた自由」という読み物教材を紹介した。その最後に「本当の自由を大切にして生きてまいりましょう」という台詞が出てくるが、この教材は自由の価値そのものには全く触れていなかった。自由であるということは、人が自らの意志で生きるに値する人生を生きるということだ。３ページで紹介したジョン・アクトン流に言えば、自らの内なる良心に従って生きるということだ。権力がそれを阻む時には、その権力と戦わざるを得なくなる。時には命をかけて。現在メディアを通して私たちが目撃している香港やミャンマーの抗議デモは、まさに命がけで自由のために戦う人々の姿だ。憲法第97条に書かれた「人類の多年にわたる自由獲得の努力」や「過去幾多の試練に堪へ」という言葉は、自由のために命がけで戦った人々への思いを表している。

しかし今日本国民の中にどれだけその思いがあるだろう。香港やミャンマーで戦う人々への共感がどれだけあるだろう。多くの日本国民は自分が自由であることを忘れているのではないか。自由を忘れている間に自由を奪われても気づかないのではないか。

自由とは、単に「権力によって邪魔されない状態」ではない。自ら考え、判断し、行動する「自己決定」「自律」がなければ、人間は本当に自由だとは言えない。ドイツ生まれの社会心理学者、エーリヒ・フロムの著書『自由からの逃走』が教えてくれるのは、恐怖や不安に直面した時、人間は自分の自由から逃げ出す場合があるということだ。人間の心には自由を捨てて権威主義に逃げたくなる弱さがある。それは自ら精神的な奴隷になるということだ。「自発的隷従」という言葉もそういう事態を表している。自由から逃走し自発的隷従に陥った人間には、自由の価値が見えなくなる。人がなぜ自由のために戦うのかが理解できなくなる。

自由を捨てた人間は生物としては生きていても、人間として生きているとはいえない。それは生きるに値する人生ではない。教育の第一義は、子どもたちを本当の自由へ、生きるに値する人生へと導くことである。自由な子どもを育てるためには、教師も自由でなければならない。

第6章
主権者を育てる

賢明な主権者とは

知る権利と学ぶ権利

憲法第21条第1項は「集会、結社及び言論、出版その他一切の表現の自由は、これを保障する」と規定する。主権者である国民の間で様々な言論活動や示威行為が行われることは、民主主義にとって不可欠であるから、表現の自由は自由権でありながら参政権としての性質も有する。報道の自由や国民の「知る権利」も、表現の自由の一環として第21条により保障されると考えられている。

「知る権利」は民主主義が十全に機能するために不可欠な人権だ。政府が何をしているのか分からなければ、政府の誤りを国民が正すことができない。ところが、政治権力を握った者は、往々にして自分たちがしていることをできるだけ知らせまいとする。国会や記者会見での虚偽答弁や答弁拒否、公文書の廃棄や改竄、情報の不開示や墨塗りなどは、全て「国民に知らせない」行為だ。その究極のものが、政府が秘密だと決めた情報は国民に知らせなくてもよいという特定秘密保護法だ。メディアは政府と国民の間にあって、政府が隠そうとする事実を暴き出して国民に伝える責任を負っている。しかし、そのメディアが政権に押さえつけられて機能不全に陥っている。ジャーナリストの国際ＮＧＯ「国境なき記者団」は毎年「世界報道自由度ランキング」を発表しているが、２０２１年4月20日の最新ランキングで日本は１８０の国・地域のうち67位だった。韓国の42位、台湾の43位よりはるかに低い順位である。ちなみに65位はブータン、66位はコートジボワールだった。政権の手先となるような新聞が大部数を誇っている限り、この順位が上がることはないだろう。

「知る権利」とともに「学ぶ権利」も民主主義を成立させるために不可欠の人権である。政府の行為を知ったとしても、それがどのような意味を持つのかが理解できなければ、やはり政府の誤りを正すことはできなくなる。それを理解するためには、学ぶことが必要になる。「学ぶ権利」があって初めて主権者は政府の行為を正しく批判することができるようになる。その意味で学問の自由もまた、自由権でありながら参政権としての性質を有するといえる。学ぶ場所は学校だけではない。公民館はその名のとおり、公民すなわち民主主義の担い手としての市民が学ぶ場である。図書館は、本を読んで学ぶところだ。図書館は人類が蓄積してきた知の宝庫である。テレビ、ラジオ、ネット情報、映画、芝居、講演会など、あらゆるところに学びは存在する。学ぶことによって国民は賢明な主権者になれる。賢明な主権者は賢明な政府を持つことができる。賢明な政府は国民のために仕事をする。学ばない国民は政府によって騙される。愚かな国民は愚かな政府しか持つことができない。愚かな政府は腐敗し、暴走する。

自由な個人が賢明な主権者になる

主権者である国民が、自分たちは「偉い人たち」つまり政治権力を握る者の下僕《しもべ》だと思ったら、国民主権は成り立たなくなる。いくら憲法が国民主権を謳っていても、国民自身が自分たちを主権者だと思っていなければ、民主主義は実現しない。人々が自分で考えることをやめ、自ら権力者に隷従するようになった時、人々は主権者でなくなり、民主主義は滅びる。

主権者であるためには、その前に自由な個人でなければならない。自由とは単に自分の言いたいことを言ったり自分のやりたいことをやったりできるということだけではない。自ら考え、判断し、行動できるということこそが自由の本質だ。

教育基本法が定める教育の目的は第1に「人格の完成」であるが、ここで言う「人格」は一人一人の自由で独立した精神のことである。第2の目的は「平和で民主的な国家及び社会の形成者としての国民の育成」である。ここでは「形成者」という言葉が大事だ。単に国家や社会の一員を育てるのではない。国家や社会を形成する者、つまり自らつくりあげていく者を育てるのだ。これは賢明な主権者を育てるということにほかならない。第１の目的と第２の目的はつながっている。自由な個人であって初めて賢明な主権者になれるのである。

１９４７年の教育基本法は、その前文で憲法の理想と教育の関係をはっきり示していた。「われらは、さきに、日本国憲法を確定し、民主的で文化的な国家を建設して、世界の平和と人類の福祉に貢献しようとする決意を示した。この理想の実現は、根本において教育の力にまつべきものである」。２００６年の教育基本法改正でこの文章が全て失われてしまったのは、かえすがえすも残念だ。

日本の教育に欠ける政治教育

世界を見渡すと、洋の東西を問わず、若者たちが現状打破を目指して政権批判を行っている。アメリカでは「ブラック・ライブズ・マター（黒人の命も大事だ）」の運動が盛り上がっているし、２０２０年２月に行われた大統領予備選挙では民主社会主義を標榜するバーニー・サンダース氏に若者の支持が集まった。気候危機を訴え続けるスウェーデンの環境活動家、グレタ・トゥンベリさんは２００３年生まれ、15歳の時から活動を始め、２０２１年に18歳になった。香港やミャンマーでは自由と民主主義を守るために若者たちが悲壮な闘いを続けている。タイの若者も軍事独裁政権の打倒と王制改革を求める運動を繰り広げている。

こうした諸外国の若者に比べ、日本の若者には体制の現状を容認する傾向が強いと感じることが多い。例えば、２０２０年11月の毎日新聞の世論調査によれば、菅内閣への支持率が80歳以上で45％だったのに対し、18歳から29歳までの若い世代では80％にも達していた。日本の若者にこのような現状容認の傾向が強いのはなぜなのだろう。私は、日本の学校における政治教育の貧困に大きな原因があると思っている。

人権や平和について学ぶ憲法教育を含む政治教育は、主権者を育てる教育だ。政治教育は、民主主義の仕組みを学ぶだけでなく、現実の政治的課題について学び、考えるとともに、自治の実践や政治的意見の表明という実際の活動をも伴う学習である。

政治教育については、２００６年教育基本法第14条に改正前の第8条とほぼ同文の規定がある。第1項で「良識ある公民として必要な政治的教養は、教育上尊重されなければならない」と政治教育の必要性を謳う一方、第2項で「法律に定める学校は、特定の政党を支持し、又はこれに反対するための政治教育その他政治的活動をしてはならない」と、学校での党派的な政治教育・政治活動の禁止と政治的中立性の確保を求めている。そして、文部科学省は長い間、第1項ではなく、第2項の方を強調する姿勢をとり続けてきた。それは実は歴代の政権の意向を反映した姿勢だったのだ。

文部科学省の政治教育通知

２０１５年6月に選挙権年齢を18歳に引き下げる公職選挙法改正が行われたことにより、高校生の中に有権者が存在することになったため、文部科学省は高校生の政治活動に対する従来の姿勢の転換を迫られた。１９６９年10月に文部省が出した通達では、「生徒は未成年者であり（中略）選挙権等の参政権が与えられていないことなどからも明らかであるように、国家・社会としては未成年者が政治的活動を行なうことを期待していないし、むしろ行なわないよう要請している」として、高校生の政治活動を禁じるよう学校に求めていたが、18歳選挙権により、その見直しをせざるを得なくなったのである。

２０１５年10月に発出された文部科学省通知「高等学校等における政治的教養の教育と高等学校等の生徒による政治的活動等について」は、高等学校における政治教育については次のように述べている。

（前略）選挙権年齢の引下げが行われたことなどを契機に、習得した知識を活用し、主体的な選択・判断を行い、他者と協働しながら様々な課題を解決していくという国家・社会の形成者としての資質や能力を育むことが、より一層求められます。このため、議会制民主主義など民主主義の意義、政策形成の仕組みや選挙の仕組みなどの政治や選挙の理解に加えて現実の具体的な政治的事象も取り扱い、生徒が国民投票権や選挙権を有する者（以下「有権者」という。）として自らの判断で権利を行使することができるよう、具体的かつ実践的な指導を行うことが重要です。

ここで「現実の具体的な政治的事象」も取り扱うことを求めていることが注目に値する。実際に国会などで論戦が行われている問題、例えば憲法改正、辺野古新基地建設、森友学園事件、日本学術会議会員任命拒否、消費税の引き上げ・引き下げのような現実の政治問題を授業で扱うことが推奨されているのである。通知のこの点は評価されてよい。

しかし、高校生の政治活動に対しては、１９６９年通知よりは緩和したものの、依然として制限的な姿勢を維持している。学校教育の政治的中立性、学習指導要領、校長の生徒を規律する権能を根拠として、高校生の政治的活動は「必要かつ合理的な範囲内で制約を受ける」とし、「放課後や休日等に学校の構外で行われる生徒の選挙運動や政治的活動」

についても、場合によっては「制限又は禁止することが必要である」としている。学校外での活動まで規制するのは人権侵害だと言ってよい。

さらに、教師の政治的中立性については、次のように述べている。

「指導に当たっては、教員は個人的な主義主張を述べることは避け、公正かつ中立な立場で生徒を指導すること」

「教員は、（中略）その言動が生徒の人格形成に与える影響が極めて大きいことに留意し、学校の内外を問わずその地位を利用して特定の政治的立場に立って生徒に接することのないよう、また不用意に地位を利用した結果とならないようにすること」

授業の中で自分の政治的見解を示すなと言うだけでなく、学校の外でも不用意に自分の政治的立場が生徒に影響しないようにせよと言っているのだ。これでは教師は「偏向」と非難されることを恐れて、政治教育そのものを避けることになりかねないし、自ら集会に参加したりSNSで政治的主張を発信したりすることもためらうことになりかねない。

ボイテルスバッハ・コンセンサス

学校教育の政治的中立性は必要だが、だからと言って、教師が自分の政治的見解を述べてはいけないということにはならない。その点で、1976年に旧西ドイツでつくられた政治教育のガイドライン「ボイテルスバッハ・コンセンサス」(Beutelsbacher Konsens)は大いに参考になる。このガイドラインは政府がつくったものでも、政府の審議機関がつくったものでもない。政治教育にかかわる教師や学者が、ボイテルスバッハという町に集まって議論した結果をまとめたものである。それは、次の三つの原則からなる。

①「圧倒の禁止の原則」教員は、生徒を期待される見解をもって圧倒し、生徒が自らの判断を獲得するのを妨げてはならない。
②「論争性の原則」学問と政治の世界において議論があることは、授業においても議論があることとして扱う。
③「生徒志向の原則」生徒が自らの関心・利害に基づいて効果的に政治に参加できるよう、必要な能力の獲得を促す。

文部科学省の通知と比べてみると、最も大きな違いは、教師が授業で自分の見解を述べることを禁じていないことだ。禁じているのは「圧倒」すること、つまり押しつけることである。教師は自分の意見を述べてもよいが、同時に対立する意見も十分紹介し、問題の論争性を生徒に伝え、生徒が主体的に考え判断して政治参加できるようにしなければならない。生徒たちはそれぞれ異なる見解を持つだろう。その中には教師とは反対の意見を持つ者もいるはずだ。それでいいし、そうでなければいけない。教師は自分の見解が生徒からの批判にさらされることを覚悟し、むしろそれを歓迎しなければならない。

文部科学省の通知の最大の問題点は、前提としている生徒像にある。教師が右と言えば右を向き、左と言えば左を向くような、主体性のない生徒を想定しているのである。そのような生徒像は、まさに政治教育の目的とする生徒像の対極にある。

校則の見直しから始まる民主主義

疑問を抱くことの重要性

今学校では定年退職者の増加により20歳台の若い教師が増えている。私が危惧するのは、この世代の教師たちにとても「素直な」人たちが多いことだ。きまりを守る。上の言うことはよく聞く。偉い人の言うことは信じる。教科書に書いてあることは全て正しいと考える。

教育は自由な人間を育てることだ。自由な人間とは自分で考える人間だ。自分で考える人間はあらゆる権威を疑う。考えることは疑うことなのである。疑問や疑念を抱くことから、思考が始まる。人間は、答を求めて考えるから学ぼうとする。本当の学習は疑問から始まるのだ。

自由な人間を育てる教師は、自分自身が自由な人間でなければならない。自分で考えない教師は、自分で考える子どもを育てることができない。学校は自由が溢れる場でなければならない。

学校内の児童会・生徒会の活動は、社会のルールを自分たちで決める自治・民主主義の実践の場である。若者の政治参加に関する政策提言を行ってきた日本若者協議会は、2020年8月、高校生や大学生の生徒会経験者による「学校内民主主義を考える検討会議」を立ち上げた。当面の目標は、学校における民主主義の実践のためのガイドラインをまとめ、政府、自治体、学校に提言することだという。このような動きが広がることによって、賢明な主権者を育てる教育も実現していくだろう。校則の在り方に疑問を抱く中高生は多いはずだ。まずは、校則を変えるところから始めたらいい。

校則をめぐる裁判

校則には法令に直接の根拠となる規定はない。例えば学校教育法に「学校の校長は生徒の行動を規律するため校則を定めることができる」などという条文は存在しない。校則は各学校で慣例的に定めてきたものなのだが、2006年に全部改正された教育基本法第6条第2項には「(前略)教育を受ける者が、学校生活を営む上で必要な規律を重んずる(後略)」という文言があり、いわば校則の制定を正当化する考え方が示されている。

具体的に問題となることが多いのは、頭髪の色や形(茶髪禁止、パーマ禁止、ポニーテール禁止、ツーブロック〈側面を刈り上げ、頭頂部を長めに残す髪型〉禁止など)、服装(スカート丈、靴下の色、下着の色、マフラー禁止など)、学校内での行動規制(教室や職員室での発言や行動のルール、黙働〈無言〉清掃〈黙って掃除する〉・無言〈もぐもぐ〉給食〈黙って食べる〉など)、学校外での行動規制(アルバイトの禁止、バイクや自動車の運転免許取得の禁止など)などである。例えば、都立高校の約4割では、「間違った指導をしないよう」地毛証明書(地毛が黒以外の色であったり、くせ毛であったりすることを証明する書類)を提出させているという。私的な外出の際の服装など、放課後や休日の学校外での行動まで規制される例もある。

数年前、多くの人にショックを与えたのが「大阪茶髪黒染め事件」だ。2015年に大阪府立懐風館高校に入学した女子生徒は、生まれつき茶色の髪だった。学校は染色や脱色を禁じる「生徒心得」を理由に、生徒に髪を黒く染めるよう繰り返し求めた。生徒は繰り返しの染髪で頭皮が傷むなどの問題も生じた。2年生の9月には黒染めが不十分だとして授業や行事への参加を禁じられた。生徒はそれ以来不登校になり、2017年10月、大阪府を相手取り精神的苦痛に対する損害賠償を求める訴訟を起こした。学校は生徒の弁護士に「たとえ金髪の外国人留学生でも規則で黒染めさせる」と話したという。大阪府側は「生徒の地毛は黒だという前提で指導した」と反論した。

この事件は2021年2月16日に大阪地裁で判決が下ったが、染色や脱色を禁じる校則や黒染めを強要した教師の頭髪指導は適法だと認めた。

校則をめぐる判例で有名なのは1985年の「熊本公立中学校丸刈り訴訟」だ。1981年に熊本県玉東町《ぎょくとうまち》の町立玉東中学校に入学した男子生徒が「男子生徒の髪は1センチ以下」とする校則に反する髪型で登校したところ、全校集会で校長から批判されたり、同級生から嫌がらせを受けたりした。1983年にこの生徒と両親は、校則の無効や精神的苦痛に対する損害賠償などを求めて提訴し、この校則の強要が居住地等による差別（14条違反）、法定の手続きによらない身体の一部の切除の強制（31条違反）、個人の感性、美的感覚あるいは思想の表現である髪型の自由の侵害（21条違反）だと主張した。熊本地裁判決（1985年確定）は、「服装規定等校則は各中学校において独自に判断して定められるべきものであるから、（中略）合理的な差別」であり、「髪型が思想等の表現であるとは（特殊な場合を除き）見ることはできず、特に中学生において髪型が思想等の表現であると見られる場合は極めて希有であるから、本件校則は、憲法21条に違反しない」とした。

このように、校則を違法として訴えた裁判では、訴えた原告側が敗訴し、結局校則の効力がそのまま認められることが多い。その背景には学校側の裁量を大幅に認める「部分社会論」がある。

かつて日本の憲法・行政法の世界には「特別権力関係論」という説があった。公権力を持つ国や自治体などと「特別な関係」にある国民に対して、公権力側は、法律の根拠がなくても、包括的な支配権に基づいて命令、懲戒、人権制限などを行うことができ、これらの公権力側の行為は裁判で争うこともできないとする法理論だ。「特別な関係」にある国民としては、受刑者、公務員、国公立学校の在学者、国公立病院の入院者などがあたるとされた。この理論は、現在では学説上も判例上も支持されていないのだが、形を変えて生き残っている。

特別権力関係論に代わって裁判所が採用している考え方は「部分社会論」である。「部分社会」とは、学校、政党、地方議会など一定の構成員からなる団体や組織のことだ。部分社会の中の規律はその部分社会に任されており、裁判の対象にはならないという考え方が部分社会論だ。この理論は、裁判所が違法・適法の判断をしないという点において、特別権力関係論と同様の法的効果を持っている。「部分社会論」はいわば形を変えた「特別権力関係論」だと言うこともできるのである。この考え方が適用されると、学校内での不当な人権侵害が救済されなくなる危険性が高い。

子どもは人権の主体である

理不尽な校則が生き残っている背景には、日本の社会に根強く残る集団主義的な道徳観とその道徳観に支配された学校文化があると思う。

日本の小中学校の道徳教育においては、家庭、学校、郷土、国家といった集団への帰属意識と集団内での序列意識を重視する傾向が強い。中学校学習指導要領道徳編の記述を見ると、学校については「教師や学校の人々を敬愛し、学級や学校の一員としての自覚をもち、協力し合ってよりよい校風をつくるとともに、さまざまな集団の意義や集団の中での自分の役割と責任を自覚して集団生活の充実に努めること」とされている。国家については「優れた伝統の継承と新しい文化の創造に貢献するとともに、日本人としての自覚をもって国を愛し、国家及び社会の形成者として、その発展に努めること」とされている。

このような集団の一員であることを重視する学校文化が、校則の厳格化の背景にあると考えられる。こうした学校文化の下では、教師は子どもを1人の尊厳のある個人、人権の主体として見ることなく、規律に従わせるべき客体として見るようになる。結果として、学校は軍隊のようになってしまうのだ。

実際、日本の学校はもともと軍隊にならってつくられた。その基礎を置いたのは1885（明治18）年、内閣制度ができた時に初代文部大臣となった森有礼《もりありのり》だ。彼は翌1886年に小学校令、中学校令、師範学校令、帝国大学令などの諸学校令を発布したが、その教育理念は、国家に役立つ人材の養成という点で一貫していた。詰襟の制服は軍服を模したもので、ランドセルは歩兵が背負う背嚢《はいのう》を真似たものだ。障がいや病弱のため就学が困難と認められた場合は、「就学免除」されるが、実はこれは「役に立たない者」をあらかじめ排除するという点で「徴兵免除」と同じ思想に立っていた。教科の中でも体育は直接軍隊から持ってきたもので「兵式体操」という。「前へならえ」「右へならえ」「回れ右」などの集団行動は軍事訓練と同じだ。今も行われている運動会の入場行進は、軍隊の分列行進そのものである。「ぜんたい止まれ」の「ぜんたい」は「全体」ではなく「全隊」である。児童生徒を兵隊扱いしているのだ。そもそも運動会は野戦演習から来ている。

子どもは人権の主体である。このことを教師は忘れてはいけない。文部科学省も忘れてはいけない。子どもにも大人と同様に自分のことを自分で決める権利がある。髪の色や形、下着の色、スカート丈などを自由に決める権利を持っている。思想・良心の自由も、表現の自由も、学問の自由も大人と同様に持っている。

国際人権法の中でも、子どもの人権に着目して締結された国際条約が「子どもの権利条約」(児童の権利に関する条約)だ。校則との関係では、「子どもの権利条約」第12条の「意見表明権」が重要である。同条は次のように規定する。

「締約国は、自己の意見を形成する能力のある児童がその児童に影響を及ぼすすべての事項について自由に自己の意見を表明する権利を確保する。この場合において、児童の意見は、その児童の年齢及び成熟度に従って相応に考慮されるものとする」

髪型や服装の規制は明らかに「児童に影響を及ぼす事項」であり、子どもには「自由に意見を表明する権利」が認められなければならないし、その意見は「相応に考慮」されなければならない。校則を一方的に押し付けていいものではないということは、子どもの権利条約からも明らかである。子どもの権利条約の観点から見れば、校則は当事者である児童生徒の意見を聞きながら常に見直されるべきものなのである。

「ゆとり教育」と校則の緩和

シンガーソングライターの尾崎豊（１９６５〜１９９２）がデビュー曲「15の夜」を世に出したのは１９８３年だった。１９７０年代を通じて激しくなっていった校内暴力は、１９８０年前後にピークを迎えていた。校内暴力により警察に検挙または補導された中高生の数は１９８１年度が最も多く１万４６８人だった。１９８３年には東京都町田市立忠《ただ》生《お》中学校で、生徒から暴力を受けていた教師がナイフで生徒を刺す事件も起きた。校内暴力に対処するため、全国の中学校、高等学校では厳しい校則がつくられ、校則指導により生徒の荒れを抑える学校運営が広く行われた。「服装の乱れは心の乱れ」は、この頃教師がよく口にした言葉だ。校則と体罰で生徒を押さえつける教師に対し反逆する中学生を描いた小説『ぼくらの七日間戦争』（宗《そう》田《だ》理《おさむ》作）が発表されたのが１９８５年。映画化されて公開されたのは１９８８年だ。

１９８０年代後半には校内暴力は沈静化していき、代わっていじめや不登校が生徒指導上の主要課題となっていった。この頃には校則や生徒指導の厳しさに対する批判の声が高まり、１９８０年代末には文部省（当時）も校則を見直すよう教育委員会や学校に対し促すようになった。世間に衝撃を与えた事件は、１９９０年に兵庫県立神戸高塚高校で起きた「校門圧死事件」だ。遅刻指導にあたっていた教師が校門の門扉を閉めたところ、駆け込んだ女子生徒が門扉と門柱の間に頭を挟まれて圧死した事件である。この事件をきっかけに、文部省は全日本中学校長会と全国高等学校長協会に委託して、校則の見直し状況に関する全国調査を行った。１９９１年にその調査結果を送付した通知の中で、文部省は「児童生徒の実態、保護者の考え方、地域の実情、時代の進展等を踏まえ、指導の在り方を含め校則の積極的な見直しを図り、校則及び校則指導が適切なものとなるようご指導ねがいます」と述べ、校則の見直しを促した。

１９９０年代には、校則の緩和とともに校内暴力も沈静化し、１９９６年度に校内暴力で警察に検挙または補導された中高生の数は、15年前の10分の１以下である８９７人にまで減少した。１９９０年代から２０００年代にかけての小中学校の教育課程は、いわゆる

「ゆとり教育」だった。学習内容の精選と授業時数の削減が行われ、完全週休2日制が実現した。子ども一人一人の個性と主体性を重視する教育改革の中で、校則の見直しも進んだ。

ゆとり教育の効果は不登校の減少にも表れた。文部科学省が毎年度調査している不登校児童生徒数は、2001年度に1度ピークを迎えた（総数は約13万9000人。全児童生徒数に対する割合は1・23％）が、2000年代を通じて減少し、2012年度に最も少なくなった（総数は約11万3000人、割合は1・09％）。不登校が減った時期（2002〜2012年度）は、完全学校週5日制が導入され、学習指導要領における学習内容と授業時数が最も少なかった時期とほぼ重なる。

「脱ゆとり教育」と校則の強化

ゆとり教育の最後の10年（2002〜2011年度）は、同時に反ゆとり教育の声が高まった時期でもあった。その声は政治の声となり具体的な教育政策に反映されていく。2000年代後半に顕著になった「ゆとり教育」から「脱（反）ゆとり教育」への教育政策の転換は、学校教育における能力主義、競争主義、管理主義、権威主義の傾向を強めた。2006年の教育基本法改正は、愛国心教育、道徳教育、学習規律などを強調した。

2007年には全国学力テストが始まった。2008年には授業時数を大幅に増やす学習指導要領の改訂が行われ、2011年度から小学校、2012年度から中学校で実施された。全国学力テストに向けた自治体間、学校間の競争は過熱していく。

こうした状況を背景として、学校や教育委員会の間に2000年代後半から、学校運営や教育活動をマニュアル化する「スタンダード」という考え方が広がり始めた。スタンダード導入の主な動機は学力向上にあったといわれている。スタンダードは教師のマニュアルであるだけでなく、児童生徒の教室内での挙手の仕方、発言の仕方、職員室の出入りの仕方などの行動規範にもなっており、児童生徒にとっては校則の一種とみてよい。

いじめの社会問題化への対応として、文部科学省を含む教育界において「ゼロ・トレランス」という生徒指導の方法が議論され始めたのも2000年代である。「ゼロ・トレランス」とは、生徒の行動規律を詳細に定め、違反者には例外なく厳罰を科すという指導方法だ。実際にこの方式を導入する学校が増えていった。

こうして2000年代・2010年代を通じて「校則の再強化」というべき現象が生じている。252ページで述べた茶髪黒染め強要事件の裁判をきっかけにNPO法人キッズドア理事長の渡辺由美子さんが発起人となって始めた「ブラック校則をなくそう！」プロジェクトは2018年に校則の実態を年代別に調べる調査を行った。その調査結果によると、中学時代に「スカートの長さ指定」があったという回答は、30代の23・7％に対し10代（15〜19歳）では57・0％、「下着の色指定」があったという回答は、30代1・9％に対し10代は15・8％となっていた。中学校の校則は、1990年代より2010年代の方が厳しくなったということだ。

校則の厳格化によって学校の息苦しさが増していることは、不登校の増加にも表れている。2012年度に底を打った不登校児童生徒数は2013年度以降急増し、2019年度には総数約18万1000人、割合は1・88％（中学生に限ると3・94％）にまで増えた。

子どもを尊重する学校

校則の厳格化・厳罰化が進んだ2000年代・2010年代においても、個々の学校の中には生徒の人権を尊重し、理不尽な校則を課すようなことをしない学校は存在した。

2006年度から2014年度まで大阪市立大空小学校の校長を務めた木村泰子さんは、「自分がされていやなことは人にしない、言わない」という「たったひとつの約束」を児童に求めた。それはまさに古今東西を通じた人間社会の根本的なルールだ。『論語』にも「己《おのれ》の欲せざるところは人に施すなかれ」という孔子の言葉が残されている。社会のルールにない学校だけのルールというものはないのである。

２０１０年度から２０１９年度まで東京都世田谷区立桜丘中学校の校長を務めた西郷孝彦さんは校則を全廃した。校則だけでなく、制服もチャイムもなくした。登校しても教室に入らなくていいと言い切り、教室以外の居場所を学校内につくった。校長室も生徒の出入り自由の居場所になった。校則はないが法律はある。学校は治外法権ではないから、人のものを盗まないとか人を傷つけないといった法律のルールは生徒も守らなければならない。教師も法律のルールを守らなければならない。だから生徒の人権も尊重しなければならない。この学校でも社会のルール以外の学校のルールはないのだ。

東京都世田谷区にある私立大東学園高校では、生徒、保護者、教職員からなる三者協議会を設けて、校則の見直しや授業の改善など学校生活全般にわたる話し合いを行っている。同校では男子生徒の髪型についてツーブロックを禁止する校則があったが、２０１７年に生徒側から認めるべきだと提案があり、保護者からも賛成意見が出たことから、話し合いの結果認めることになった。生徒の参加による校則の見直しの先進例だろう。

学校が再び軍隊のようになってきた風潮の中で、このように児童生徒の人権や主体性を尊重する学校が存在したことは大きな救いだ。

児童生徒の参画による校則の見直し

先述の「ブラック校則をなくそう！」プロジェクトなどの市民の側からの批判が高まったことによる効果だろう、２０１９年頃から校則をめぐる状況に変化の兆しが見えてきた。岐阜県教育委員会は、市民団体「子どもの人権ネットワーク・岐阜」から指摘を受けたことを契機に、２０１９年に県立高校の校則について調査し、生徒の人権に関わるような不適切な校則を見直すよう各学校を指導した。不適切とされた校則には「私生活上の旅行・外泊について許可を必要としている校則」「政治活動は自由であるにもかかわらず集会への参加や団体への加入について許可・届出を必要としている校則」「下着の色の指定など確認行為が新たな人権問題となりかねない校則」「時代の要請や社会の常識の変化に伴い適用が想定されない校則」などがあった。

さらに２０１９年12月、同県教育委員会は、県立高校への入学志願者がそれぞれの高校にどのような校則があるのかを事前に確認し、進路選択の参考にすることができるよう、２０２０年２月の出願期日の前に各高校のホームページで校則を公開するよう通知した。

２０２１年５月には県立学校長に対して改めて通知を発出し、「児童生徒自身が校則について考える機会を設定したり」「保護者や地域住民、学校関係者等の参画を得て議論したり」するなどして、「制服のあり方」や「頭髪、服装などに係る規定」などの校則を見直すよう求めた。また、この通知では各学校に「校則改定の手続き」についても議論し、校則や生徒会規則に明記するなど児童生徒・保護者に周知するよう求めたが、これは「校則改定プロセスの明文化」と報じられ注目された。

熊本市教育委員会では、2020年度に市立小中学校管理運営規則と市立高等学校管理運営規則の校則に関する規定を改正し、2021年4月から施行した。

小中学校管理運営規則の校則に関する旧規定と新規定を比べてみよう。

（旧規定）

第36条（学校規程の制定）　校長は、法令、条例又は規則等に違反しない限りにおいて、校則その他の学校規程を制定することができる。

（新規定）

第36条（学校規程の制定）　校長は、必要かつ合理的な範囲内で校則その他の学校規程を制定することができる。

2　校長は、校則の制定又は改廃に教職員、児童生徒及び保護者を参画させるとともに、校則を公表するものとする。

校長に校則制定権があるという点は変わらないが、旧規定にあった「法令、条例又は規則等に違反しない限りにおいて」という文言が新規定では削除されている。これは当然のことだから規定する必要がないと判断したのだろう。その代わりに、校長の権限行使について新たに「必要かつ合理的な範囲内で」という限定が付されている。これは、校則には必要性と合理性がなければならないということであり、不必要な校則や不合理な校則は制定できないということだ。これは、ブラック校則による児童生徒の人権侵害を防ぐ観点から、注目すべき改正である。

新たに追加された第2項は、まず校則の制定・改廃に教職員、児童生徒、保護者の三者を参画させることを校長に義務づけている。児童生徒の参画を義務づけただけでなく、教職員、保護者と並列の関係、同等の立場であることが注目される。

さらに校則の公表も義務づけることによって、児童生徒は入学前にどのような校則があるのかを確認できることになった。また、校則をめぐる社会的透明性が確保されることにより、外部からの批判に耐えられない校則は見直しを迫られることになるだろう。

２０２１年6月には文部科学省が、校則の内容を絶えず見直すよう求める通知を発出した。この通知では「校則は、学校が教育目的を達成するために必要かつ合理的な範囲内において定められるもの」とし、「内容や必要性について児童生徒・保護者との間に共通理解を持つようにすることが重要」と述べ、校則の見直しに児童生徒が参加することで、児童生徒の主体性を培う機会にもなると強調している。

校則の見直しに児童生徒の参画を促す教育行政の姿勢の変化は歓迎すべきものだ。校則を自分たちの力で変えることができた子どもたちは、必ずや良き主権者に育つであろう。

全ての人の学習機会を保障する

無償の普通教育を受ける権利

人は学ばなければ賢明な主権者にはなれないが、そもそも学ぶ機会が保障されていない人たちが現代の日本においても多数存在している。

憲法第26条第1項は「すべて国民は、法律の定めるところにより、その能力に応じて、ひとしく教育を受ける権利を有する」と規定する。教育を受ける機会を提供するよう国に求める権利（教育を受ける権利）とその権利保障において差別されないこと（教育の機会均等）を保障する規定だ。

そして第2項は「すべて国民は、法律の定めるところにより、その保護する子女に普通教育を受けさせる義務を負ふ。義務教育は、これを無償とする」と規定する。主語は「すべて国民」となっているが、それは子どもの保護者のことだ。この規定は保護者に義務を負わせているのであって、子どもに義務を負わせているのではない。子どもはあくまでも普通教育を受ける権利の主体である。しかもその普通教育は無償でなければならない。

無償の普通教育の機会を全ての子どもに保障することは国の義務なのである。だから私は、この条文は「国が義務を負う」という文章に書き換えた方がいいと思っている。私の改正案はこうだ。「国は、法律の定めるところにより、すべての人に無償の普通教育を受ける機会を保障する義務を負う」。こう書き直すと「義務教育」という言葉は要らなくなる。大事なのは「無償の普通教育を受ける権利」という人権の保障である。

「普通教育」という言葉の意味については、2006年改正後の教育基本法第5条第2項の規定が参考になる。「義務教育として行われる普通教育は、各個人の有する能力を伸ばしつつ社会において自立的に生きる基礎を培い、また、国家及び社会の形成者として必要とされる基本的な資質を養うことを目的として行われるものとする」。つまり、普通教育の目的は個人の能力の伸長と社会的自立、国家・社会の形成者の育成にあるということだ。私としては、それらの前提として、独立した人格と自由な精神を持つことを普通教育の目的として加えたいところだが、この規定自体はまずまず妥当だと思う。

この「無償の普通教育を受ける権利」を保障されなかった人たちのためにあるのが夜間中学だ。戦後の混乱や経済的困窮のため若い時に学校へ行くことができなかった義務教育未修了者、不登校のまま中学を卒業し十分な学力を身につけられなかった形式卒業者、本国で十分な教育を受けずに日本へ渡ってきた外国人。こうした人たちが夜間中学を必要としている。実際に夜間中学で学んでいる生徒は2000人程度だが、潜在的な入学希望者はその何百倍もいるだろう。

夜間中学を応援する議員連盟

夜間中学は戦後間もない頃から草の根の取組みとして細々と、しかしねばり強く続いてきた。その間、文部省（現・文部科学省）は一貫して夜間中学に冷淡で、1966年には当時の行政管理庁の勧告を受けて廃止しようと動いたこともあった。その文部科学省がそれまでの態度を一変させて夜間中学を支援するようになったのは、私が文部科学省初等中等教育局長だった2014年だった。

私は若い頃から夜間中学を応援したいという気持ちを持っていたが、頑迷固陋《がんめいころう》な組織の中では何もすることができなかった。局長になってやっと思いを政策に移すことができたのだが、それは私の力で実現したものではない。ついでに言えば、安倍首相（当時）のおかげでもない。何十年もの間諦めることなく運動を続けてきた夜間中学関係者の人たちの努力のたまものなのだ。この人たちの働きかけにより2014年4月に「夜間中学等義務教育拡充議員連盟」（夜中議連）が発足したことが、国の政策を大きく変えさせたのである。

一口に「議員連盟」と言っても多種多様なものがある。2021年の5月から6月にかけて、自民党の中では雨後のタケノコのように議員連盟ができた。5月には甘利明氏を会長、安倍晋三氏と麻生太郎氏を最高顧問とする「半導体戦略推進議員連盟」、6月には二階俊博氏を会長、安倍氏と伊吹文明氏を最高顧問とする「自由で開かれたインド太平洋」構想を推進する議員連盟、同じく6月には岸田文雄氏を会長、安倍氏と麻生氏を最高顧問とする「新たな資本主義を創る議員連盟」が発足した。そこでは、議員連盟という仮装の下で、2021年秋の自民党総裁選挙や衆議院総選挙を睨み、幹事長ポストなどをめぐる自民党内の勢力争いが行われていただけであって、議員連盟の目的は何でもよかったのだ。人はこれを「議連政局」と呼んだ。

しかし「夜間中学等義務教育拡充議員連盟」はそのような議連政局とは全く無縁だ。与野党全ての党派の心ある国会議員が集い、夜間中学をどうやって拡充していくかを、党派の違いを超えて真面目に議論する場なのだ。超党派議員連盟と自称するものの中には、実は特定の政党の国会議員しか参加していない場合があるが、この議員連盟は正真正銘の超党派だ。自民党や公明党の与党議員も立憲民主党や共産党の野党議員も、そこで建設的な意見を出し合う。野党議員の質問に正面から答えない首相や大臣たちの空虚な言葉で埋め尽くされる予算委員会などとはまるで雰囲気が違う。私は役人時代にこうした超党派議員連盟に同席することがしばしばあったが、そこでまともな議論が行われているのを見て、議会制民主主義へのかすかな希望を感じたものだ。

この夜間中学の議員連盟とフリースクールの議員連盟が母体となって、議員立法により2016年12月に制定されたのが教育機会確保法（正式には「義務教育の段階における普通教育に相当する教育の機会の確保等に関する法律」）だ。この法律ができたおかげで、当時31校しかなかった公立夜間中学は2021年度には36校まで増えた。今後の新設計画も各地で出てきているから、2023年ごろには40校を超え、さらに50校に近づいていくだろう。

公立夜間中学のない地域で学びを求める人たちの集う場となっているのが自主夜間中学だ。公立夜間中学はれっきとした学校教育法上の中学校だが、自主夜間中学は「中学」といっても大人のフリースクールあるいは学習会のようなものだ。しかし、自主夜間中学の取組みが母体になって公立夜間中学が設置された例はいくつもある。私は現在、福島県福島市の「福島駅前自主夜間中学」と神奈川県厚木市の「あつぎえんぴつの会」でボランティア講師をするとともに、それぞれの地に公立夜間中学をつくる運動にも在野の一人として参加している。

インクルーシブ教育

インクルーシブとは「包容する」または「包摂する」という意味の形容詞だ。インクルーシブ教育とは、広い意味では様々なマイノリティの子どもたちが差別されることなくマジョリティの子どもたちと一緒に受ける教育のことだが、狭い意味では障がいのある子どもと障がいのない子どもがともに学ぶ教育のことを指す。

人間の尊厳に障がいの有無は関係ない。人間の尊厳が尊重される社会は、障がいのある人と障がいのない人がともに幸せに生きる社会だ。そのような社会の形成者を育てるためには、学校自体がともに学び、ともに生きる社会でなければならない。

261ページで紹介した大阪市立大空小学校は、木村泰子校長の信念の下、どんな障がいのある子どもも通常学級に受け入れ、ともに学ぶ環境をつくった。その様子はドキュメンタリー映画『みんなの学校』に生き生きと描かれている。木村氏は、学校とはそろった形のものを整然と詰め込むスーツケースのような入れ物ではなく、様々な形のものをその形のままで柔らかく包む大きな風呂敷のような入れ物なのだと言う。そういう環境の中でともに学びともに生きる日々を通じて、子どもたちは自然に助け合うようになる。障がいのある子どもにはできないことを障がいのない子どもが代わって行うということが、空気を吸うことぐらいに当たり前のことになっていく。木村氏はインクルーシブ教育を意図的に目標としたわけではないと言うが、結果としてインクルーシブ教育の一つの優れたモデルを提示した。

インクルーシブ教育が教育政策の課題として意識されるようになったのは、２００６年に国際連合総会で「障害者の権利に関する条約」（以下「条約」。条文は外務省の公定訳による）が採択されてからだ。日本政府はその批准に向けた検討を行い、２０１１年に障害者基本法（以下「基本法」）を改正して批准に必要な法整備を行った上で、２０１４年にこの条約を批准した。インクルーシブ教育に関する規定は、条約の第24条と基本法の第16条に置かれている。

条約第24条第1項は「締約国は、（中略）障害者を包容するあらゆる段階の教育制度（inclusive education system）及び生涯学習を確保する」と規定する。

また同条第2項で締約国は「障害者が障害に基づいて一般的な教育制度から排除されない（not excluded from the general education system）こと」や「障害者を包容し、質が高く、かつ、無償の初等教育（inclusive, quality and free primary education）を享受することができること」「個人に必要とされる合理的配慮（reasonable accommodation）が提供されること」「完全な包容という目標（the goal of full inclusion）に合致する効果的で個別化された支援措置がとられること」などを約束している。

さらに同条第5項は「締約国は、障害者が、差別なしに、かつ、他の者との平等を基礎として、一般的な高等教育（general tertiary education）、職業訓練、成人教育及び生涯学習を享受することができることを確保する。このため、締約国は、合理的配慮が障害者に提供されることを確保する」と規定する。

基本法第16条第1項は「国及び地方公共団体は、（中略）可能な限り障害者である児童及び生徒が障害者でない児童及び生徒と共に教育を受けられるよう配慮しつつ、（中略）必要な施策を講じなければならない」と規定する。

インクルーシブ教育にはこのような法的根拠があるわけだが、その解釈や運用にはいろいろな問題がある。「障害者を包容する教育」とは、全ての障がいのある子どもが小中学校の通常学級で学ぶことを意味するのか、「障害者を包容する教育制度」とは、特別支援学校や特別支援学級で障がいのある子どもを障がいのない子どもから分離して教育する仕組みを許容する意味なのか、「一般的な教育制度」とは、小学校や中学校のことなのか、それとも特別支援学校も含む学校制度のことなのか、「完全な包容」とは、どのような状態を指すのか、「合理的配慮」とは、技術的には可能だが財政的には困難である場合を含むのか、などの問題である。

私は特別支援学校や特別支援学級の存在意義を否定するつもりはない。むしろ高等学校にも特別支援学級が設置できるよう教育課程の特例を認める省令改正を行うべきだと思っている。しかし、目標とすべき「完全な包容」の最終的な姿は、障がいのある子どもと障がいのない子どもを分離しない教育である。そのために国や地方公共団体は「合理的な配慮」を最大限に提供する責任がある。ちなみに「配慮」の元の英語は「accommodation」だが、むしろ「調整措置」というような言葉に訳した方がよかったように思う。「配慮」では単なる「気持ち」だけで済んでしまうような誤解を生む懸念があるからだ。1人の子どものために1人の支援職員を置いたり、1人の子どものために学校施設のバリアフリー化工事をしたりすることも、インクルーシブ教育のためには必要となる場合がある。「合理的な配慮」は拡大し続ける概念である。教育工学技術は日々進化している。様々な障がいが新しいテクノロジーで克服できるようになっている。ICTは真っ先にインクルーシブ教育の実現に用いるべきなのである。

さらに、「完全な包容」を実現するためには、日本の学校の伝統的教育方法である一斉授業方式から脱却することが必要だろう。ともに学ぶということは、常に同じ授業を受けるということではない。ともに学ぶ環境の下、児童生徒同士の学び合いや関わり合いを大事にしながら、各々の児童生徒に合った学びが実現できるようにすることが、これからのインクルーシブ教育の大きな課題なのだろう。

外国ルーツの子どもたちの教育

広義のインクルーシブ教育で今後ますます重要になると考えられる分野は、外国にルーツを持つ子どもの教育だ。それは日本の社会全体を今後多文化共生社会に変容させていくという明確な視点を持って進められるべきである。

文部科学省が全国の小・中・高等・特別支援学校について行った「日本語指導が必要な児童生徒の受入状況等に関する調査」（2018年度）によると、日本語指導が必要な児童生徒の数は、外国籍4万755人、日本国籍1万371人、合計5万1126人となっており、10年前の2008年度の3万3470人に比べて1・5倍以上に増えている。その母語別の人数は中国語1万1861人（23・2%）、フィリピノ語1万1303人（22・1%）、ポルトガル語1万985人（21・5%）、スペイン語4259人（8・3%）、英語2279人（4・5%）、ベトナム語2038人（4・0%）、日本語1201人（2・3%）、韓国・朝鮮語832人（1・6%）などとなっている。

外国ルーツの子どもに対する日本語指導体制の整備については、文部科学省も各教育委員会もそれなりに努力をしているが、対象児童生徒の急速な増加に対策が追いついていない。十分な対応ができていない学校では、外国ルーツの子どもがドロップアウトしてしまうケースも多い。

さらに問題なのは、日本語を話せない子どもの小中学校への就学を市町村教育委員会が拒否するケースもあることだ。国際人権規約や児童の権利条約を批准した日本で、このようなケースはあってはならない。年齢相当の学年より下の学年に編入したり、地域のNPOやボランティアに支援を頼んだり、可能な限りの工夫をして子どもを学校に受け入れなければならない。

外国人の子どもの中には、日本の小中学校のほか外国人学校やインターナショナルスクールを含め、いかなる学校にも就学していない者が相当数存在する。文部科学省が2019年5月に行った「外国人の子供の就学状況等調査」によれば、不就学の可能性があると考えられる外国人の子どもの数は、最大で2万2488人にのぼる可能性があることが分かっている。この数は調査時点で学齢期（義務教育該当年齢）にある子どもについての調査だ。不就学のまま学齢を超えた外国人の実態については、何の調査も行われていない。

外国籍の子どもの就学を保障するためには、外国籍の子どもの保護者にも学校教育法上の就学義務を課すべきだという議論がある。

保護者が子どもを学校に就学させる義務（就学義務）を定めた学校教育法第17条は、国籍には言及していないので、条文上は外国人にも就学義務が課されていると読める。しかし文部科学省は、外国籍の子どもの保護者には就学義務を課さないという解釈・運用をしてきた。逆に日本国籍の子どもの保護者には、国籍のいかんにかかわらず就学義務を課している。

日本人と外国人を区別する根拠は、憲法第26条第2項の主語が「国民」になっているからだと、文部科学省は説明してきた。しかし、ここで言う「国民」は保護者のことだから、日本国民である保護者に就学義務があるということになる。つまり、就学義務の有無を分けるのは、保護者の国籍だということになる。それでは右の文部科学省の姿勢と一致しない。憲法の文言からは、日本国籍の子どもがいる外国籍の保護者に就学義務があるということも、外国籍の子どもがいる日本国籍の保護者に就学義務がないということも、全く説明できない。もともと文部科学省は、保護者と子どもの国籍が異なるという事態を想定していなかったのだ。

文部科学省が、外国籍の子どもの保護者に就学義務がないと言う本当の理由は、日本の学校教育には「良き日本人」「立派な日本国民」をつくるという目的があると考えているからだ。例えば、小中高等学校の学習指導要領（特別活動）には「入学式や卒業式などにおいては、その意義を踏まえ、国旗を掲揚するとともに、国歌を斉唱するよう指導するものとする」という記述、小学校学習指導要領（社会）には「天皇についての理解と敬愛の念を深めるようにすること」という記述、中学校学習指導要領（道徳）には「日本人としての自覚をもって国を愛し、国家の発展に努める」という記述がある。

このような国民教育の観念自体が、多文化共生社会を目指す上で見直しを迫られる問題なのだが、現状の日本の学校がそのような国民育成機関だということを前提にするなら、学校教育法第1条に規定される学校（1条校）以外への就学を認めない現行法の厳格な就学義務を、外国人の子どもの保護者に課すことには、確かに無理がある。

しかし、外国籍の子どもの普通教育を受ける権利を保障するためには、その保護者にも就学義務を課すべきだと私は考える。外国籍の子どもについても、教育委員会は学齢簿を作成し、就学通知を発出し、就学校の指定をすべきだ。そして少なくとも外国籍の子どもについては、外国人学校やホームスクールなど、1条校への就学以外の選択を幅広く認めるべきである。

また、不就学だったり小中学校でドロップアウトしたりしたまま学齢を超えた外国人住民に対しては、自治体において公立夜間中学への入学や自主夜間中学への参加を促す取組みが必要だろう。

母語・継承語教育、民族教育、多文化共生教育

関西圏以外の多くの日本人は知らないだろうが、大阪や京都の公立小中学校には、在日コリアンの子どもたちのために「民族学級」を設置している学校がある。韓国・朝鮮の言語、文化、歴史などを学ぶ場である。

1948年に当時の文部省が発した通達により大阪府などの自治体が行った朝鮮学校閉鎖命令に対する在日コリアンの人々の抗議行動「阪神教育闘争」を経て、時の大阪府知事と在日朝鮮人団体との覚書に基づき、公立学校に在日コリアンの子どものための民族学級が設けられた（当時は民族教育を行う公立学校も存在した）。その後様々な変遷を経て、現在大阪市では教育委員会が実施する「多文化共生教育推進事業」の下で、各学校の教育課程外における「国際クラブ」として、在日コリアンの子どもたちだけでなく、フィリピン人や中国人の子どもたちのための民族教育も行われている。

大阪では高等学校でも民族教育の取組みが行われている。府立高等学校には日本語指導が必要な生徒のための入試を行う学校が7校あるが、その一つ、門真なみはや高等学校では「渡日生教育」を教育方針の柱の一つに据え、外国ルーツの生徒がそのルーツに誇りと自信を持ち、日本と世界の架け橋へ成長することを目指して、中国語、フィリピノ語、タ

イ語、韓国語、ポルトガル語など、生徒の母語（継承語）の授業を、単位認定される正規の授業として開設している。長吉《ながよし》高等学校も「多文化共生教育」を教育の柱に掲げ、中国語、朝鮮語、多文化研究などの科目を開設し、「朝鮮文化研究会」という課外活動も行われている。

このような大阪に見られる母語・継承語教育、民族教育、多文化共生教育の実践は先駆的な取組みとして注目に値する。大阪という地が多文化共生教育における先進性を持ち得たのは、在日コリアンの人々が苦難の中で切り開いた民族教育の歴史があったからだ。同様の取組みは今後日本全国で必要になるだろう。

朝鮮学校への「官製ヘイト」

日本の各地に存在する朝鮮学校は、在日コリアンの子どもたちに民族教育を施す学校である。

民族教育を行うこと、民族教育を受けることは人権である。国際人権規約（B規約）第27条は「少数民族に属する者は、その集団の他の構成員とともに自己の文化を享有し、自己の宗教を信仰しかつ実践し又は自己の言語を使用する権利を否定されない」と規定する。子どもの権利条約（政府公定訳では「児童の権利に関する条約」）も第30条で子どもの権利について同様の規定を持ち、さらに第29条第1項（c）では、教育は「児童の父母、児童の文化的同一性、言語及び価値観、児童の居住国及び出身国の国民的価値観並びに自己の文明と異なる文明に対する尊重を育成すること」を指向すべきだと規定している。朝鮮学校の民族教育は、国際法上も保障されるべき正当な教育活動なのである。

朝鮮学校は各都道府県が設立許可した学校法人である朝鮮学園が設置する各種学校だ。1条校ではないが、その教育内容は学習指導要領を踏まえたものになっており、教育水準は日本の小中高等学校と遜色ない。高級学校（1条校の高等学校に相当）からは、国公私立の名だたる大学へ多くの卒業者が進学している。全国高等学校体育連盟にも加盟しており、全国高校ラグビー大会では２０２１年、大阪朝鮮高校が準決勝まで勝ち上がった。

朝鮮学園はもともと在日本朝鮮人総聯合会（以下「朝鮮総連」）が母体となって設立されたものであり、現在も密接な関係を持っている。朝鮮総連が北朝鮮（朝鮮民主主義人民共和国）と密接な関係を持っていることも事実だ。朝鮮高級学校の教室には金日成《キムイルソン》氏と金正日《キムジョンイル》氏の肖像が掲げられている。初級学校と中級学校（1条校の小学校と中学校に相当）の教室にもかつては同じ肖像が掲げられていたが、保護者の要望によって撤去されたと聞いている。北朝鮮の政治体制は全く是認できないが、朝鮮学校を北朝鮮の政治体制と同一視するのはおかしい。学んでいる在日コリアンの子どもたちは日本で生まれた4世や5世であり、彼らの第一言語は日本語なのである。生徒の半分は韓国籍であり、日本国籍の生徒もいる。

朝鮮学校はレイシスト団体「在日特権を許さない市民の会」（在特会）や「ネトウヨ」と呼ばれるネット上で右翼的な言動を展開する者たちのヘイト行為・ヘイトスピーチの攻撃に常にさらされてきた。中でもひどかったのは2009年12月に起きた在特会メンバーらによる京都朝鮮第一初級学校の門前での街宣活動である。その様子を撮った動画は今もネット上で見ることができるが、見るに耐えない醜悪なヘイト行為だ。学校側は加害者を刑事告訴し、民事でも提訴した。刑事事件としては、侮辱罪、威力業務妨害罪、器物損壊罪で加害者の有罪が確定しており、民事訴訟でも加害者に街宣禁止と賠償を命じる判決が確定している。

こうしたレイシスト団体の行為は厳しく断罪されるべきだが、このような連中を勢いづかせているのは、実は日本国政府の外国人差別の姿勢である。安倍政権・菅政権の下でこの姿勢はより強固なものになった。中でも朝鮮学校に対する差別はひどい。第5章でも述べたように、私はこれを「官製ヘイト」と呼んでいる。

高校無償化からの朝鮮高校排除

安倍政権と菅政権は、明らかに意図的に、朝鮮学校を各種の財政支援措置から排除してきた。

旧民主党の政権下で導入された高校授業料無償化は、社会全体で子どもたちの学びを支えるという理念に基づく先進的な政策だったが、朝鮮高校を対象にすることについては、党内及び閣内に頑強な反対派がいた。それでも何とか反対派を抑えつつ、個別審査の方法で朝鮮高校を無償化の対象に入れることにし、審査基準も設定し、審査会も組織し、2010年11月には審査の申請も受け付けた。私は文部科学省でその制度設計を担当する審議官だったが、順調にいけば1条校の高校生から1年遅れで2011年度から無償化の対象に入れられると思っていた。

ところが11月23日に北朝鮮軍による延坪島《ヨンピョンド》砲撃事件が起きると、党内・閣内の反対派の巻き返しに押されて、菅直人《かんなおと》首相（当時）は朝鮮高校の審査の凍結を指示した。延坪島の砲撃と朝鮮高校生の授業料無償化との間に、一体どんな関係があったというのだろう。理不尽この上ない措置だった。

菅首相は退陣する直前の2011年8月29日に審査凍結の解除を指示した。これは党内の朝鮮高校無償化推進派の巻き返しだった。菅内閣を引き継いだ野田佳彦内閣で文部科学大臣に就任した中川正春氏は朝鮮高校の指定に前向きだったが、翌2012年1月の内閣改造で退任し平野博文氏に大臣職を譲った。同年10月の内閣改造では田中眞紀子氏が文部科学大臣になった。田中氏も朝鮮高校指定に積極的だったが、11月16日に野田首相が衆議院を解散し、政権を失ったことにより、その意志を通すことができなかった。

この間、高校無償化を担当する初等中等教育局では、審査会における朝鮮高校の審査が続いていた。私は当時、大臣官房長だったが、初等中等教育局の動きには不審な思いを抱いていた。審査にあまりにも長い時間がかかっていたからだ。今から考えると、当時の初等中等教育局の幹部たちは、野田政権のレームダック化を見越して、次の政権を担うであろう自民党の意向を先取りする行動をとっていたのではないかと思われる。初等中等教育局が野党自民党に内通しその意向に呼応する態度は、育鵬社の中学公民教科書を採択するよう沖縄県の竹富町に迫った八重山教科書採択問題でも見られた。

こうして官僚のサボタージュによって朝鮮高校の無償化は日の目を見ることなく、第2次安倍内閣への政権交代を迎えた。文部科学大臣に就任した下村博文氏は、真っ先に高校無償化からの朝鮮高校の排除を決め、個別審査の根拠規定を関係省令から削除する暴挙に出た。根拠規定を失ったことにより、審査基準も審査会も一瞬にして消滅したのである。

朝鮮高校関係者は全国5カ所で訴訟を起こした。私は裁判になれば確実に国が負けると思っていたが、原告が勝訴したのは2017年7月28日の大阪地裁判決だけだった。その他の地裁判決は全て国の裁量を認めて原告敗訴となり、大阪の訴訟も含めて高裁、最高裁の判決も全て原告敗訴となっている。裁判官も役人だ。国に逆らう判決を書けば出世に響く。大阪地裁以外の判決は、まず国を勝たせるという結論ありきで、あとから理屈を考えたとしか思えない。

自治体補助金見直しの通知、幼児教育無償化からの排除、コロナ対策からの排除

安倍政権・菅政権は高校授業料無償化からの朝鮮高校の排除にとどまらず、朝鮮学校に対する差別をことあるごとに繰り返してきた。

2016年3月には文部科学省が大臣名で、28都道府県の知事に対し「朝鮮学校に係る補助金交付に関する留意点について」と題する通知を出した。この通知は、公安調査庁の認識をそのまま踏襲して「朝鮮学校に関しては、我が国政府としては、北朝鮮と密接な関係を有する団体である朝鮮総聯が、その教育を重要視し、教育内容、人事及び財政に影響を及ぼしているものと認識しております」と述べた上で、「朝鮮学校の運営に係る上記のような特性も考慮の上、（中略）朝鮮学校に係る補助金の公益性、教育振興上の効果等に関する十分な御検討とともに、補助金の趣旨・目的に沿った適正かつ透明性のある執行の確保（中略）をお願いします」と求めた。いかにも朝鮮学校への補助金の公益性や教育振興の効果に疑念があると言わんばかりの通知だ。多くの自治体がこの通知を機に朝鮮学校へ

の補助金を削減したり廃止したりした。

安倍政権は、２０１９年5月に成立した「子ども・子育て支援法改正」に基づき同年10月から始まった幼児教育の無償化にあたっても、朝鮮学校の幼稚園（「幼稚班」と呼ばれる）を含む外国人幼児教育施設、幼稚園類似施設（88校、うち朝鮮学校幼稚園40校）を、その対象から除外した。その理由は、「幼児教育の質が制度的に担保されていない」「幼児教育を含む個別の教育に関する基準がなく、多種多様な教育を行っている」などというものだったが、無認可保育施設が対象とされる中でこれらの幼児教育施設が排除されたのは不公平というほかない。その理由は排除のためにあとからつくったものだとしか思えない。朝鮮学校の排除という結論が先にあったのだ。ほかの施設は朝鮮学校幼稚園の道連れにされたと言っていいだろう。

この措置には、朝鮮学校だけでなく排除された幼稚園類似施設関係者からも抗議の声が上がり、文部科学省は２０２０年度から、無償化の対象から除外した事業者に対して市町村が自らの判断で支援を行う場合に補助する事業を始めた。しかし「手上げ方式」というこの方法では、市町村の判断によって当然ばらつきが出る。不公平は解消されていない。

安倍政権は、大学生や専門学校生に対する新型コロナ対策の給付金支給にあたっても、朝鮮大学校の学生を意図的に差別した。２０２０年5月に安倍政権が設けた「学生支援緊急給付金」の制度は、アルバイト収入が大幅に減ったことにより学びの継続が困難になった学生を救済する制度だ。その対象は、国公私立の大学、短期大学、専門学校などの学生のほか、日本語学校で学ぶ留学生や外国大学日本校の学生も含まれているが、朝鮮大学校の学生だけは排除された。

以上のような安倍政権・菅政権の朝鮮学校に対するあからさまな差別は、国際人権法に照らしても不当なものだ。例えば、子どもの権利条約に基づいて国連に設けられている「子どもの権利委員会」は2019年2月に発表した所見の中で「授業料無償化制度の朝鮮学校への適用を促進するために基準を見直す」ことを求めた。また、新型コロナ対策の給付金については、2021年2月に国連の人権問題を扱う特別報告者から日本政府に対し「朝鮮大学校のマイノリティの学生が差別されていることを懸念する」などとした書簡が送られている。

性的マイノリティの子どもたちへの支援

2013年11月、文部科学省の初等中等教育局長だった私は、「一般社団法人 gid.jp 日本性同一性障害と共に生きる人々の会」の人たちの訪問を受けた。彼女・彼らは、大臣宛ての「性同一性障害の児童生徒への対応に関する要望書」を携えていた。そこには、当事者である児童生徒の数や各学校の対応など実態調査の実施、教育機関における当事者受け入れの指針の策定、教員等に対するマニュアルやガイドブックの作成などの要望事項が並んでいた。私は実施可能なものから取りかかると約束した。

この時の面会をきっかけに、私は性的マイノリティについての目を開くことができた。その後自ら情報を求め、性同一性障害とトランスジェンダーの概念の違いや、性自認が男性・女性と単純には分けられないこと、性的指向も異性愛・同性愛と単純には分けられないことなども知った。それ以前の私は無知に起因する偏見を持っていたし、「ホモ」「レズ」「おかま」「おねえ」といった差別用語を無自覚に使っていた。58歳にして初めて自分の中の偏見と差別意識を自覚したのだ。

局長だった私の指示により、２０１４年に文部科学省が全国の学校を対象に「学校における性同一性障害に係る対応に関する状況調査」を行った。学校がすでに把握しているケースを、匿名で、本人と保護者の同意を得て報告してもらった結果、６０６件の報告があった。うち約3分の2の４０３件が高等学校だった。戸籍上の性別は女が約6割、男が約4割だった。ほかの児童生徒や保護者に秘匿していないというケースは2割強だった。６０６件というのは、あくまでも学校が把握しているケースだけの数字だ。実際にはその何倍もの当事者がいるはずだった。

この調査結果を踏まえて、文部科学省は2015年4月に「性同一性障害に係る児童生徒に対するきめ細かな対応の実施等について」と題する通知を出し、具体的な取組み例を挙げて当事者である児童生徒への学校の支援を促した。

さらに文部科学省は、2016年には「性同一性障害や性的指向・性自認に係る、児童生徒に対するきめ細かな対応等の実施について」と題するQ&A方式の手引き書を作成し全国に配布した。

これらの通知や手引き書で、性的マイノリティのうち性同一性障害だけが特に具体的に言及されているのは、性同一性障害についてだけは法律の裏づけがあったからだ。それは2003年に議員立法で制定された「性同一性障害者の性別の取扱いの特例に関する法律」である。与党自民党議員の中に性的マイノリティについて無理解な政治家が多い中で、文部科学省としては、性同一性障害を前面に出すことで彼らからの攻撃をかわそうとしたのである。現在医学界では「性同一性障害」の呼称をやめて、より広い概念として「性別違和」や「性別不合」という言葉を使う動きもあるという。今後の議論を待ちたい。

性的マイノリティは「LGBT」とも呼ばれる。しかしその4文字に入らないマイノリティもいるので、「LGBTQ」や「LGBTI」という呼び方もある。マイノリティの中にさらにマイノリティがいる。性的指向（どの性が恋愛の対象になるか）と性自認（自分をどの性だと思うか）には、無限の多様性と連続性がある。その意味では性的指向（Sexual Orientation）と性自認（Gender Identity）の頭文字を組み合わせたＳＯＧＩ（ソジ）という言葉の方がいい。ＬＧＢＴが少数者だけを指す言葉であるのに対して、ＳＯＧＩは少数者と多数者の区別なく、全ての人に当てはまる言葉だからだ。

しかし現時点の日本では、まだ多数者が少数者のことを十分に認識していない状況がある。無理解による偏見や差別が広く残っている。そのような状況の下では、少数者を多数者から区別して可視化するＬＧＢＴという言葉がどうしても必要だ。その反射として多数者を可視化する言葉として「ＬＧＢＴストレート」または単に「ストレート」という言葉が使われることになる。この「ストレート」はもともと同性愛者の間で異性愛者を指す言葉として使われ始めた言葉で、「真っ直ぐ」という意味ではない。少数者としての「トランスジェンダー」に対する多数者を指す言葉としては「シスジェンダー」という言葉もある。多数者であるストレートやシスジェンダーの中で性的少数者を理解し、支援する人たちのことをアライ（ＡＬＬＹ〈仲間・味方などの意〉）という。

私は事務次官だった２０１６年の８月に、省内の幹部職員を対象とする性的マイノリティに関する研修会を開いた。まずは、文部科学省の組織の中の認識を高めたいと思ったからだ。また、自分がアライであることを示すためのステッカーをつくっている企業（例えば野村證券）があることを知り、文部科学省内にもそんなステッカーがほしいと思った。２０１７年1月に、違法天下り斡旋問題の責任をとって急遽辞任することを決めた私は、最後にそのステッカーをつくろうと思い立ち、自分でデザインしたステッカーを４００枚ほど製作し、性的マイノリティの児童生徒への支援を担当している初等中等教育局児童生徒課に預けた。使ってくれる職員が結構いたようだ。

ＬＧＢＴ教育の必要性

性的マイノリティの当事者である児童生徒は、１クラスの中に平均して１人ないし２人は存在すると考えられる。宝塚大学看護学部の日高庸晴教授が行った「ＬＧＢＴ当事者の意識調査」（２０１６年・２０１９年）によれば、当事者のうち58・２％が、学校生活（小中高）でいじめられたことがあると答えている。その大半が、「ホモ」「おかま」「おとこおんな」といった言葉の暴力に遭っていた。また、当事者のうち不登校や自傷行為を経験した者の割合は、ほかの集団に比較して格段に高いという。いじめの解決に先生が役に立ってくれたという回答は全体の13・６％に過ぎなかった。

日高教授が全国の小中高特別支援学校の教員に対して行った「教員へのＬＧＢＴｓ意識調査」（２０１９）によれば、同性愛について教える必要があると思うと回答した教師は

74・7％、性別違和や性同一性障害について教える必要があると思うと回答した教師は85・7％だったが、実際に授業に取り入れた教師はそれぞれ14・1％と15・0％しかいなかった。「必要があると思う」と回答した教師の多くは、おそらくタテマエとしてそう答えただけで、ホンネではそう思っていないのだろう。「同性愛になるか異性愛になるか、本人の選択によるものだと思いますか」という問いに対し、「そう思う」が46・9％、「そう思わない」が28・4％、「わからない」が24・2％だった。教師の認識の低さを示す数字だ。性的指向は「嗜好」でも「志向」でもない。

出身養成機関（大学の教育学部など）・独学・教員になってからの研修で同性愛と性同一性障害について学んだ経験を聞いたところ、「いずれの機会においても学んだ経験がある」という教師は3・1％、「いずれの機会においても学んだ経験がない」という教師は19・5％だった。「これまでの教員生活で性自認について悩んでいる女子（男子）がいた」と答えた教師は、前者では27・4％（20・5％）、後者では6・1％（4・8％）だった。「同性愛について授業に取り入れたことがある」という教師は、前者では37・1％、後者では2・8％だった。学んだ教師と学んでいない教師の差は歴然としている。

学校における性的マイノリティに関する学習は、家庭科、保健体育、社会科などの教科、道徳や総合的な学習などで行うことができるだろう。最近ではＬＧＢＴについて取りあげた教科書も出てきた。しかし、性的マイノリティに関する学校教育の取組みはまだまだ遅れている。特に教員研修の機会を増やすことは急務だろう。

恐ろしく遅れている自民党内「保守派」

2021年の通常国会終盤での「LGBT理解増進法案」（正式には「性的指向及び性同一性に関する国民の理解増進に関する法律案」。以下「理解増進法案」）をめぐる自民党内の議論は、同党内の「保守派」がいかに時代遅れで頑迷固陋な差別主義者であるかをまざまざと見せつけてくれた。

自民党国会議員の全てがこのような「保守派」であるわけではない。2015年3月に発足した「LGBTに関する課題を考える議員連盟」（超党派LGBT議連）の会長は自民党の馳浩氏だ。理解増進法案の原案をつくった自民党の「性的指向・性自認に関する特命委員会」（以下「特命委」）は、自民党政調会長だった稲田朋美氏の肝いりで2016年に設置された。のち稲田氏自身が委員長を務め、理解増進法案をめぐる与野党協議や自民党内協議に携わった。稲田氏は防衛大臣時代に教育勅語を擁護する国会答弁をしたような人物ではあるが、LGBT問題については彼女なりに熱心に取り組んできた。

野党側はすでに「LGBT差別解消法案」を国会に提出していたが、安倍総裁（当時）

の下の自民党が反対したため審議されなかった。しかし東京オリンピック・パラリンピックを前に、性的指向・性自認による差別を禁止するオリンピズムの原則に沿ってＬＧＢＴ差別禁止法の制定を求める声が高まったことを背景に、自民党の特命委は２０２１年４月に理解増進法案の要綱をまとめた。この法案要綱をベースに、超党派ＬＧＢＴ議連の場で与野党協議が行われた。その結果5月、法案の目的と理念に「性的指向及び性自認を理由とする差別は許されないものであるとの認識の下」という文言を加えることで与野党合意ができた。差別禁止にはほど遠いものだが、差別が許されないという趣旨が盛り込まれたことは前進だといえた。

ところがこの「与野党合意案」を審査した自民党の内閣第一部会・ＬＧＢＴ特命委員会合同会議が紛糾した。「保守派」の猛烈な巻き返しが起きたのだ。簗和生《やなかずお》衆議院議員は「ＬＧＢＴは種の保存に背く」という発言をし、西田昌司参議院議員は「ＬＧＢＴは道徳的に許されない」という発言をしたという。山谷えり子参議院議員は別の会合で「体は男だけど自分は女だから女子トイレに入れろとか、ばかげたことが起きている」などとトランスジェンダーを蔑視する発言をした。結局この理解増進法案は、自民党総務会まで上がった末、国会提出見送りとなった。その大きな原因は「これは闘争だ」と言って法案を通さないよう執行部に圧力をかけた安倍前首相だと言われている。

安倍晋三氏、西田昌司氏、山谷えり子氏、簗和生氏など、世界の常識からもオリンピック・パラリンピックの精神からも恐ろしく遅れている自民党内「保守派」。この人たちのいる自民党が政権に就いている限り同性婚の法制化もLGBT差別の禁止も決して実現しないだろう。LGBT理解増進法はまず、この人たちにだけ限定適用したらいい。

与野党で理解増進法をめぐる議論が行われている頃、ネット上で、ニュージーランドの政治家が議会で演説している動画が注目を浴びた。2013年にモーリス・ウィリアムソンという議員が同性婚を認める法案の賛成討論をしている様子を撮影したものだ。彼は言う。「我々がこの法案でしようとしていることは、ただ、愛し合う2人の人たちに、その愛が結婚という形で認められるようにするだけです」「この法案は、当事者にはファンタスティックなものですが、そのほかの人々にとっては同じ生活が続くだけなのです」。そして最後に聖書からの引用で演説を締めくくる。「おそるるなかれ」。ユーモアと説得力に満ちた彼の演説は実にファンタスティックだ。こんな政治家が日本にもいてほしい。

日本国憲法の精神にのっとった教育

インクルーシブ教育、多文化共生教育、LGBT教育などは、誰もが人間らしく、自分らしく生きられる共生社会を形成する主権者として、子どもたちを育てるために不可欠な教育だ。それらはいずれも人権教育に含まれる。

主権者を育てる上で人権教育と並んで重要な課題は平和教育だ。「戦争は人の心の中で生まれるものであるから、人の心に中に平和のとりでを築かなければならない」これはユネスコ憲章前文冒頭の一文だ。この前文は、無知が戦争の原因になるということを強調し、平和は人類の知的・精神的連帯の上に築かれなければならないと宣言している。

子どもの権利条約第29条第1項は、子どもの教育が指向すべきことの一つとして「人権及び基本的自由並びに国際連合憲章にうたう原則の尊重を育成すること」を挙げている。

こうした国際条約が求める教育は、日本国憲法が求める教育と重なる。1947年に制定された教育基本法は、その前文の冒頭に次の一節を置いていた。

われらは、さきに、日本国憲法を確定し、民主的で文化的な国家を建設して、世界の平和と人類の福祉に貢献しようとする決意を示した。この理想の実現は、根本において教育の力にまつべきものである。

実に残念なことに、2006年の改正でこの一節はそっくりなくなってしまったが、それでも改正後の前文にも「我々は、日本国憲法の精神にのっとり（中略）教育の基本を確立し」という文言は残っている。

立憲主義を破壊してきた安倍政権・菅政権は、憲法の精神にのっとった教育も破壊してきた。その最たるものが道徳の教科化だ。小学校・中学校で使用されている道徳の教科書に載せられた読み物には、憲法の精神どころか憲法を逸脱する精神を植え付けるようなものが多い。自由ではなく従順、個性ではなく一体性、個人の尊厳ではなく自己犠牲、自己実現ではなく自己抑制を強調する教材に溢れている。

日本国憲法が蔑ろにされ破壊され続けている今こそ、私たちは日本国憲法の精神にのっとった教育を取り戻さなければならない。

おわりに

新型コロナウイルス感染症の拡大が収まらない中でこの本を書いた。国内で新型コロナで亡くなった人の数は2021年7月14日に1万5000人を超え、その後も増え続けている。すべて安倍・菅政権のもとで亡くなった人たちだ。どこまでが天災で、どこからが人災なのか。それは近隣の国・地域と比べてみれば分かる。累計死者数を人口10万人あたりで見ると、日本の11・86人に対し、韓国は3・95人、オーストラリアは3・55人、台湾は3・14人、シンガポールは0・63人、ニュージーランドは0・50人（いずれも2021年7月14日現在）。一番多い韓国と比べても、10万人あたり8人、つまり日本全体で約1万人が政府の失敗に起因する死者だったと考えられる。

安倍・菅政権は、明らかに新型コロナ対策に失敗した。水際対策にしても、PCR検査にしても、医療体制にしても、ワクチン確保にしても、すべて後手後手、場当たり、穴だらけだった。感染拡大を防止するために、どの分野の活動をどの程度抑制するのか。その判断は科学的根拠に基づいて国民に説明できるものでなければならなかった。しかし安倍・

菅政権はまるで正反対のことをしてきた。この本の中で詳述したように、全国一斉休校は子どもたちとその保護者に無用の苦しみを与えた人災だった。「Ｇｏ Ｔｏキャンペーン」が感染を拡大させたことは素人目にも明らかだ。ろくな補償措置もなく飲食店の酒類提供の停止を求め、果ては金融機関や酒類卸売業者を通じて圧力をかけようとした。補償のない自粛要請は「潰れろ」と言うに等しい。

ＧＤＰの2割にも及ぶ１１２兆円の国債を発行して超大型補正予算を組んだのなら、最も苦しい人たちに最優先で予算を回すべきだった。生活者が住む家を失ったり自殺に追い込まれたりしないように、事業者が廃業や倒産に追い込まれないようにするのが政治の責任だった。しかし個人向け給付も法人向け給付も全く不十分だった。その結果自殺者が急増した。児童虐待も急増した。一家心中も一気に増えた。

一方で、まるで火事場泥棒のように「コロナ特需」で儲けている企業がある。持続化給付金の支給では、電通やパソナが委託、再委託、外注による「中抜き」で暴利をむさぼっている構図が明らかになった。菅義偉首相のブレーンである竹中平蔵氏が会長を務めるパソナの２０２１年5月期の利益が前年同期の10倍になったというニュースは衝撃的だった。「Ｇｏ Ｔｏトラベル」では、二階俊博自民党幹事長に近い旅行業界が潤った。「Ｇｏ Ｔｏイート」で儲けた会社の中には、菅首相に近い滝久雄氏が会長を務める「ぐるなび」も含まれていた。

デルタ株による感染拡大の第5波に襲われ、4度目の緊急事態宣言を行ったにもかかわらず、菅首相と小池百合子都知事とトーマス・バッハＩＯＣ会長の「枢軸同盟」は東京五輪の開催を強行した。一体誰のための五輪なのか。アメリカの放送局ＮＢＣユニバーサルのＣＥＯジェフ・シェル氏は、東京五輪のスポンサー収入が12億ドル（約１３２０億円）を上回る史上最高額となる見通しを示した。東京五輪スポンサーには日本の名だたる大企業が名前を連ねている。電通やパソナは「五輪特需」でも大儲けしている。

「Ｇｏ Ｔｏキャンペーン」や東京五輪の強行は、菅政権が何に高い優先順位を与えているのかを如実に物語っている。人の命よりも大企業の金儲けなのだ。

こんな世の中は嫌だ、こんな生活は嫌だと思っていても、どうせ世の中は変えられない、どうせ生活は良くならないと諦めている人が多い。「学習性無力感」と呼ばれる心理状態だ。しかし、人間は希望を持つことができる。人間は意志によって行動できる。学習性無力感を克服するためには、小さな一歩を踏み出すことが大切だ。まずは選挙に足を運んでみよう。世の中は変えられる。諦めてはいけない。

本書は２０１８年に上梓した『面従腹背』（毎日新聞出版）の続編ともいうべきものだ。

前著でもお世話になった毎日新聞出版の峯晴子さんは、「いつ続編を書くのか」と尻を叩き続けてくれた。
今回も大変お世話になりました。深く感謝申し上げます。

前川喜平

２０２１年７月

前川喜平（まえかわ・きへい）
1955年奈良県御所市生まれ。東京大学法学部卒業。1979年、文部省（現・文部科学省）入省。宮城県教育委員会行政課長、ユネスコ常駐代表部一等書記官、文部大臣秘書官などを経て、2012年官房長、2013年初等中等教育局長、2014年文部科学審議官、2016年文部科学事務次官に就任。2017年1月、退官。現在、自主夜間中学のスタッフとして活動するほか、講演や執筆も行う。著書に『面従腹背』（毎日新聞出版）、共著に『官僚の本分「事務次官の乱」の行方』（かもがわ出版）、『この国の「公共」はどこへゆく』（花伝社）などがある。

権力《けんりょく》は腐敗《ふはい》する

第1刷　2021年9月5日
第5刷　2021年12月5日

著者　前川《まえかわ》喜平《きへい》
発行人　小島明日奈
発行所　毎日新聞出版
〒102-0074
東京都千代田区九段南1-6-17　千代田会館5階
営業本部　03（6265）6941
図書第二編集部　03（6265）6746

印刷・製本　中央精版印刷

ISBN978-4-620-32696-2